Heike Denfeld-Schalke

Just call me Hitch

Von der Geschäftsidee bis zur Verabschiedung des Kunden

Aus der Perspektive einer Friseurin

Impressum:

Bibliografische Information der Deutschen Nationalbibliothek: Die Deutsche Nationalbibliothek verzeichnet diese Publikation in der Deutschen Nationalbibliografie; detaillierte bibliografische Daten sind im Internet über dnb.dnb.de abrufbar.

© 2022 Heike Denfeld-Schalke
Herstellung und Verlag: BoD – Books on Demand, Norderstedt
ISBN: 978-3-7568-6226-9

Inhaltsverzeichnis

Vorwort 12

Erklärung Blöcke 14

Zu meiner Person 15

Einführung 17

Begrüßung 39

   1. Sich vorstellen 39

   2. Neukunden Sicherheit geben 42

   3. Stammkunden wiedererkennen 48

Die richtige Ausstrahlung 51

   1. Ruhe ausstrahlen 51

   2. Kompetenz zeigen 52

   3. Souveränität 53

Vertrauen aufbauen 54

   1. Ehrlichkeit 54

   2. psychologisch vorgehen 55

   3. Den Kunden beim Namen nennen 56

   4. Gepflegtes Erscheinungsbild 57

   5. Den Kunden miteinbeziehen 60

Kommunikation 61

   1. Respekt und Freundlichkeit 61

   2. deutlich sprechen 61

   3. Zuhören 62

   4. Ein offenes Ohr haben 64

- 5. Diskretion..............65

Sympathie.............. 66

- 1. Lachen..............66
- 2. Interessen..............67
- 3. Empathie..............68
- 4. Aufrichtigkeit..............71

Vorspeise - Haarwäsche.............. 72

- 1. Wuchsrichtung bestimmen..............73
- 2. Hygiene..............73
- 3. Körperkontakt..............75

Ästhetik.............. 80

- 1. Sich auf die Ästhetik fokussieren..............81
- 2. Mit Verknüpfungen im Kopf arbeiten..............82
- 3. Anwenden und Erfahrung sammeln..............82
- 4. Verfestigen..............83

Exkurs Undercut.............. 86

Analyse.............. 89

- 1. Haarwirbel..............89
- 2. Haarwuchsrichtung..............91
- 3. Haardichte / Haarstärke..............93

Exkurs Androgener Haarausfall.............. 94

- 4. Haarfarbe..............95

Exkurs Haare färben bei Asiaten.............. 95

- 5. Gesichts- und Kopfform..............96
- 7. Ohrenform..............97

Beratung 98
  a) Neukunden 98
  b) Stammgäste 104

Preisgestaltung 107
  1. Preiserhöhung wegen zu hoher Nachfrage 107
  2. Aufschlag zu begehrten Uhrzeiten 109

Verabschiedung 110

Nachwort 114

Quellenverzeichnis [QZiffer] 116

Vorwort

Sie sind Dienstleister*in? Sie haben Spaß an Ihrem Beruf und üben diesen mit Leidenschaft aus? Wenn ja, dann werden Sie beim Lesen dieses Buches Anregungen finden, die Sie darin bestätigen, wie Sie Ihre Leistung erbringen und mit Kunden*innen umgehen, aber auch Themen, die Sie sicher inspirieren werden.

Sie sind Kunde*Kundin und auf der Suche nach einem*einer Friseur*in oder einem*einer anderen Dienstleister*in, der*die sehr gute qualitative Leistung erbringt? Dann schauen Sie bei HitchCut hinter die „Kulissen" und erfahren, wie ein*e leidenschaftliche*r Dienstleister*in agiert, wenn er*sie beste Qualität liefern will.

Dieses Buch wurde aus meiner Perspektive als Friseurin geschrieben. Viele der übergeordneten Themen sind eher fachspezifisch und werden in der Ausbildung, in Kursen und Fachseminaren vermittelt. Was standardmäßig leider nicht vermittelt wird - mir aber ganz besonders am Herzen liegt - sind die unterbewusste Wahrnehmung und zwischenmenschlichen Verhaltensweisen, wie Ausstrahlung, Sympathie, Vertrauen, Kommunikation, Freundlichkeit, Empathie, Respekt, Service und Zufriedenheit. Ich bin der Meinung, dass diese Themen einen ebenso hohen Stellenwert wie das fachliche Know-how haben und maßgeblich zur Kundenbindung beitragen.

Daher gehe ich, neben den speziellen handwerklichen Themen, explizit auf unterbewusste Wahrnehmung und zwischenmenschliche Verhaltensweisen ein. Diese lassen sich auf jede beliebige Dienstleistungsbranche oder generell auf kundenorientierte Branchen übertragen.

Ich möchte Ihnen einen Einblick in meinen Geschäftsablauf geben und diesen mit nachvollziehbaren Beispielen erläutern. Einige Anekdoten zeigen, dass auch bei mir nicht immer alles so rund läuft, wie ich es mir wünsche.

Mein Ziel ist es, Sie als Dienstleister*in oder Kunde*Kundin, darin zu unterstützen, sich gewohnte Abläufe bewusst zu machen und ein Gefühl für Feinheiten zu entwickeln. Denn nur so gelingt es, sich im Beruf und als Person weiterzuentwickeln.

Erklärung Blöcke

Graue Felder: Hier lesen Sie Anekdoten zu den vorausgehenden Themen. Um die Felder dem Text besser zuordnen zu können, habe ich sie mit einer entsprechenden hochgestellten Ziffer[0] versehen.

Grüne Felder: Hier habe ich zum besseren Verständnis Erläuterungen und Beispiele zum vorausgehenden Text aufgeführt. Um die Felder dem Text besser zuordnen zu können, habe ich sie mit einem entsprechenden hochgestellten Buchstaben[x] versehen.

Blaue Felder: Es handelt sich um einen Exkurs.

Zu meiner Person

Mein Name ist Heike, aber viele nennen mich „Hitch". Vielleicht kommt der eine oder die andere schon jetzt darauf, warum ich ausgerechnet „Hitch" genannt werde. Wer noch keine Idee hat, wird auf den nächsten Seiten die Antwort finden. Einem ausländischen Geschäftsmann, der offensichtlich Probleme hatte, den Namen Heike auszusprechen, bot ich kurzerhand an, mich „Hitch" zu nennen. Es war für uns beide einfacher und so übernahm ich das für all meine Englisch sprechenden Gäste.

Aber nun von vorne:

Vor über 30 Jahren begann meine berufliche Laufbahn. Ich absolvierte in Ulm meine Friseurausbildung und arbeitete danach ausschließlich im Herrenfach, wobei ich sehr viel lernte und mit großer Freude Männerfrisuren kreierte. Da ich sehr jung war, wollte ich aber noch weitere Sachen kennenlernen, und so kündigte ich bei meinem Arbeitgeber nach zwei Jahren und fing bei einer Zeitarbeitsfirma an. Nun konnte ich Einblick in viele verschiedene Branchen, wie der Metall- und Lebensmittelindustrie, der Gastronomie, der Fahrgastbeförderung, im Kurierdienst und vielen mehr gewinnen, was ich sehr spannend fand. Nebenbei holte ich in Abendkursen die Mittlere Reife und das Abitur nach. Da es gut in meine Lebensumstände passte, absolvierte ich anschließend noch ein Vollzeitstudium in den Bereichen Chemie und Marketing. Es schien alles sehr gut zu laufen, denn die Firma, in der ich während meines halbjährigen Praktikums meine Bachelor -Thesis schrieb, bot mir einen unbefristeten Arbeitsvertrag nach Beendigung meines Studiums an. Meiner Laufbahn als Chemikerin hätte also nichts im Weg gestanden, wenn ich mich mit dem Gedanken hätte anfreunden können, mein Leben lang in einem weißen Kittel und einer Schutzbrille im Labor zu stehen oder alternativ den ganzen Tag am Schreibtisch zu sitzen. Ich überlegte ernsthaft, ob ich nicht einfach wieder in meinen ursprünglichen Beruf zurückkehren wollte. Mir fehlte, Frisuren zu kreieren und den ganzen Tag mit netten Menschen zu plaudern. Ich vermisste meinen Beruf und mein Traum war schon seit meiner Ausbildung ein eigener kleiner Herrensalon. Es hatte keinen Sinn, noch länger zu zögern und so leitete ich endlich in die Wege, meinen Traum umzusetzen. Zunächst frischte ich meine Kenntnisse im Friseurbereich auf, indem ich Fortbildungskurse absolvierte. Anschließend legte ich bei der Handwerkskammer eine Prüfung für Friseure im Herrenfach ab, um einen eigenen Laden eröffnen zu dürfen, und gründete 2013 in Frankfurt a. M. den Herrenfriseur "HitchCut", der nun seit neun Jahren besteht. In dieser Zeit habe ich es geschafft, mir einen großen Kundenstamm aufzubauen, der bunt gemischt ist und aus Prominenten, wie z. B. Schauspielern, Musikern und Fußballprofis, wie auch aus Geschäftsmännern, Studierenden und dem netten Nachbarn von nebenan besteht. So unterschiedlich meine Klientel ist, eine Gemeinsamkeit haben sie dennoch: Den hohen Anspruch und die Bereitschaft, gute Qualität anzuerkennen.

Einführung

Das Buch ist hilfreich für Neugründer*innen, die auf der Suche nach wertvollen Tipps für den Start sind und von Anfang an alles richtig machen möchten, ebenso für Selbständige, die ihr bestehendes Geschäft qualitativ und nachhaltig aufwerten möchten, wie auch für Kunden*Kundinnen, die in der Lage sein wollen, in kürzester Zeit kompetente Dienstleister*innen von Pfuschern*Pfuscherinnen zu unterscheiden.

Neben dem Know-how spielen das zwischenmenschliche Verhalten und die Wahrnehmung des Gegenübers eine sehr wichtige Rolle. Daher ist der Inhalt dieses Buches relevant für alle Branchen, in denen der Umgang mit Kunden*Kundinnen Bestandteil ist.

Die Kapitel sind in chronologischer Reihenfolge – entsprechend meines Geschäftsablaufs - geordnet und beinhalten strategische Themen, beginnend bei der Konkretisierung einer Geschäftsidee über die Planung, die Eröffnung, die in meinem Fall männliche Stammkundengewinnung, die Preisgestaltung bis hin zum persönlichen Erfolg. Ebenso gehe ich auf zwischenmenschliche Themen, wie die Begrüßung, die Ausstrahlung, das Vertrauen, die Kommunikation, die Sympathie, die Beratung und die Verabschiedung des Kunden ein. Ein weiterer wichtiger Bestandteil des Buches sind das handwerkliche Know-how und die professionelle Umsetzung. Alle Themen werden sachlich behandelt, z. T. mit Abbildungen visualisiert und mit Beispielen und Anekdoten untermalt.

Ich zeige Ihnen, wie Sie Ihre eigenen hohen Ansprüche umsetzen können. Sie werden eine anspruchsvolle Zielgruppe ansprechen und sich dadurch von "Dumping-Preisen" distanzieren. Gute Leistung soll auch gut bezahlt werden!

In der Praxis werde ich immer wieder gefragt, "warum ich nur Männer mache". Manche nehmen sogar meine Antwort voraus und meinen: "Ist doch bestimmt einfacher, Männer zu schneiden, oder?" Da muss ich nachdrücklich widersprechen, da dem nicht so ist. Bei Männerhaarschnitten gilt es sehr viel zu beachten. Aus der Analyse heraus ergeben sich viele Parameter, die bei der Wahl einer Frisur unbedingt miteinbezogen werden sollten. Für die Umsetzung sind das handwerkliche Geschick und ein Gefühl für Ästhetik weitere wichtige Faktoren. Hierauf gehe ich in den Kapiteln "Analyse" und "Ästhetik" explizit ein. Auch die Beratung, in die alle relevanten Parameter miteinbezogen werden, sollte beim Kunden kompetent und souverän ankommen. Hierzu verweise ich auf das entsprechende Kapitel "Beratung".

Um auf die Frage zu antworten, warum ich nur Männer frisiere, erkläre ich meinen Gästen, dass ich mich spezialisiert habe, so wie sich beispielsweise auch Ärzte*Ärztinnen, Rechtsanwälte*Rechtsanwältinnen oder Musiker*innen spezialisieren. Man kann sich entweder dafür entscheiden, in einem Beruf viele Bereiche abzudecken und darin mittelmäßig zu sein oder sich auf einen Bereich zu fokussieren und hier hervorragende Arbeit zu leisten. Generell gilt: Man sollte das machen, was Spaß macht, denn dann ist man auch automatisch gut darin.

Danke

Ich danke meiner lieben Tochter Zita für die Inspirationen und die Gabe, mich in meinem Tun jederzeit zu motivieren. Ich danke meinem lieben Ehemann Manfred, der mir immer unterstützend zur Seite steht und auf den ich mich verlassen kann. Außerdem danke ich meiner lieben Schwägerin Claudia, für ihr Lektorat und die Geduld, sich intensiv mit dem Text zu befassen. Nicht weniger danke ich meinem Freund Richard, der mit seiner Gewissenhaftigkeit und Kreativität ebenfalls einen Großteil beigetragen hat.

Planung

Bevor ich ein Haarstudio eröffnen möchte, sollte ich folgende Fragen klären:

- In welchem Umfang möchte ich den Laden betreiben?

Ich wollte zunächst im kleineren Umfang, d. h. mit einem Waschbecken und einem Frisierplatz, starten, um zu sehen, wie sich das Geschäft entwickelt. Wenn ich nach einem Jahr sehen sollte, dass es Potenzial gibt, wollte ich Mitarbeiter*innen einstellen. Der Platz reichte für locker 4 Arbeitsplätze und ein zusätzliches Waschbecken.

- Welche Rechtsform wähle ich für mein Unternehmen?

Es gibt verschiedene Rechtsformen, die z. B. für Gewerbetreibende, Kleingewerbetreibende oder Freiberufler*innen interessant sind. Der wichtigste Unterschied zwischen ihnen liegt in der Haftung. [Q16] Im Folgenden habe ich die wichtigsten Rechtsformen für Gewerbetreibende aufgeführt:

Einzelunternehmen (für Ein-Personen-Gründungen), Offene Handelsgesellschaft (OHG), Gesellschaft mit beschränkter Haftung (GmbH) (auch für Ein-Personen-Gründungen), Unternehmergesellschaft (haftungsbeschränkt) (auch für Ein-Personen-Gründungen), GmbH & Co.KG Kommanditgesellschaft (KG), Aktiengesellschaft (AG) (auch für Ein-Personen-Gründungen).

In meinem Fall bot sich die Rechtsform als Einzelunternehmen an.

Es ist keine endgültige Entscheidung, welche Rechtsform gewählt wird. Ändern sich unternehmerische Anforderungen, kann man jederzeit zu einer anderen Rechtsform wechseln.

- Will ich Angestellte haben? Wenn ja, wie viele?

Nach einem Jahr stellte ich fest, dass noch Potenzial vorhanden war. So machte ich mich auf die Suche nach einer*einem geeigneten Mitarbeiter*in. Leider wurde ich bis zum Auslaufen meines 5-jährigen Mietvertrags nicht fündig und so betrieb ich den Salon die ganze Zeit allein, was mich einerseits dazu zwang, den Salon im kleinen Rahmen zu betreiben, andererseits aber auch gewisse Vorteile mit sich brachte, wie z. B. keine Ausfallzahlungen wegen Krankheit, keine Kosten für Fortbildungen, flexible Öffnungszeiten, gesicherte Qualität usw.

- Welche Leistungen möchte ich anbieten?

Ich bin der Meinung, dass man qualitativ hochwertige Leistungen anbieten sollte, deren Erbringung erfüllend und einträglich ist.

- Welche Zielgruppe strebe ich an?

Ich strebe jene Zielgruppe an, die einen Bedarf an meinen Leistungen hat, deren Qualität zu schätzen weiß, sympathisch und bereit ist, für diese Qualität auch zu honorieren.

- Wo ist meine Zielgruppe ansässig?
Das habe ich durch „Feldbeobachtung"[1] und Analyse der Infrastruktur herausgefunden.

> [1] Bevor ich mich endgültig für das Ladengeschäft entschied, startete ich eine „Vorortanalyse". Ich parkte mehrere Tage in Folge für einige Stunden vor dem Ladengeschäft, welches ich anmieten wollte und zählte meine potenzielle Kundschaft. Das Ergebnis meiner Zählung war vielversprechend und so unterzeichnete ich den Mietvertrag.

- Gibt es dort entsprechende Ladengeschäfte zu mieten?
Wo gute Klientel zu finden ist, ist die Nachfrage an Ladengeschäften in der Regel sehr hoch und diese sind oft entsprechend teuer. Ich habe meinem Konzept entsprechend abgewogen, ob es besser ist, an einem gut frequentierten Standort zu sein und dafür höhere Mietkosten in Kauf zu nehmen, oder doch lieber ein Ladengeschäft etwas abseits zu wählen, das Ganze zunächst im kleineren Rahmen aufzuziehen, aber dafür Mietkosten einzusparen. Am Ende entschied ich mich für ein Ladengeschäft etwas abseits vom Zentrum, jedoch mit perfekter Anbindung an das öffentliche Verkehrsnetz.

- Wie viele Mitbewerber*innen sind vor Ort?

Wie viele Unternehmen sich mit einem ähnlichen Angebot in unmittelbarer Umgebung befinden, habe ich zwar berücksichtigt, dennoch bin ich der Meinung, dass es nicht maßgeblich ist, denn am Ende setzt sich Qualität durch – ganz unabhängig von der Anzahl der Mitbewerber*innen.

- Wie viel muss ich in Inventar, Material und laufende Kosten investieren?

Bevor ich mich in Unkosten stürzte, stellte ich einen detaillierten Finanzierungsplan auf. Ich vermied bewusst schönzurechnen, da ich wusste, dass dies fatale Konsequenzen, so beispielsweise nicht tilgbare Schulden bis hin zum Konkurs nach sich ziehen kann.

- Wie viel finanziellen Puffer für die Startphase habe ich?

Das ist vor allem abhängig von den laufenden Kosten. Mein Motto war: „Je mehr, desto besser".

- Welcher Name passt zu meinem Unternehmen?

Ich wählte einen Namen, der optimal zum Angebot bzw. der Dienstleistung, dem Konzept, der Idee und der anvisierten Klientel passt. Außerdem sollte er witzig sein und eine Verknüpfung zu meinem Thema „Film" herstellen. Wichtig ist, den Firmennamen auf jeden Fall beim Marken- und Patentamt schützen zu lassen, denn sonst kann es teuer werden[2.]

[2]Als ich 2013 meinen Salon eröffnete, hatte ich mich noch nicht in ausreichendem Maße mit dem geltenden Markenrecht beschäftigt. Beim Logo machte ich alles richtig, aber beim Geschäftsnamen – wie sich leider bald herausstellte – nicht. Ich gab dem Salon einen sehr gut zum Thema passenden Namen und ließ daraufhin ein hochwertiges Leuchtschild für die Außenfassade, zwei Kundenstopper, verschiedene Plakate, Flyer und Visitenkarten anfertigen – das heißt: ich gab richtig viel Geld für Werbemedien aus. Außerdem richtete ich mir im Internet auf verschiedenen Plattformen Präsenzen unter Verwendung des neuen Firmennamens – den ich hier nicht erwähnen möchte - ein. Ungefähr ein halbes Jahr lang verlief alles unauffällig, bis mich hin und wieder Gäste fragten, ob denn mein Laden einer Kette angehöre, da sie im Internet gesehen hätten, dass es in einer anderen Stadt einen Friseur mit dem gleichen Namen gäbe. Ich verneinte und machte mir erst einmal keine weiteren Gedanken, bis ich – ohne vorherige Warnung - eine Abmahnung von eben diesem Friseur mit einer Strafgebühr von 2.000 Euro in meinem Briefkasten fand. Der Anwalt des Markeninhabers forderte mich auf, sofort alles zu entfernen - sowohl im Internet als auch alle Werbeschilder, Plakate, Flyer usw. -, was meinen Laden mit besagtem Friseur in Verbindung brachte. Ansonsten, so drohte der Anwalt, kämen weitere Abmahnkosten auf mich zu. Dies kostete Nerven und viel nicht eingeplantes Geld. Ich nahm mir ebenfalls einen Anwalt, der zwar die Abmahngebühren

[2]auf der Gegenseite auf 1.000 Euro senkte, dafür aber als Honorar ca. 1.000 Euro berechnete. Alle Werbemedien mussten neu angefertigt werden, doch zuvor brauchte ich erst einmal einen neuen Namen. Da ich meiner Meinung nach schon den perfekten Namen hatte, der mir nun wieder "genommen" wurde, war mir meine kreative Puste ausgegangen. Es wollte mir einfach nichts Gleichwertiges mehr einfallen. Zu dieser Zeit hatte ich schon einen kleinen, aber feinen Kundenstamm. Der sollte mir helfen, mein Problem zu lösen. Kurzerhand startete ich eine Aktion: "Wer einen Namen vorschlägt, der zum Thema und Konzept passt und mich so überzeugt, dass ich ihn übernehme, bekommt ein Premium-Paket als Preis und wird „Ehrenkunde"." Meine Gäste fanden das sehr spannend und plötzlich saßen nur noch nach Namen suchende Kunden auf dem Frisierstuhl, bis endlich einer ausrief: HITCHCUT!

- Wie soll das Logo aussehen?

Ich wählte ein Logo, welches die gleichen Kriterien wie der Firmenname erfüllt. Zusätzlich achtete ich darauf, dass es Stil, Qualität und Seriosität suggeriert, aber auch humorvoll ist. Mit dem Thema Film und Hitchcock stellte ich ein Wiedererkennungsmerkmal her. Im Gegensatz zum Firmennamen achtete ich beim Logo darauf, kein geschütztes Bild zu verwenden oder anderweitig mit dem Markenrecht in Konflikt zu geraten. Ansonsten ließ ich meiner Kreativität freien Lauf.

- Involviere ich einen Markenrechtsexperten?

Ich konsultierte keinen Markenrechtsexperten, würde es aber im Nachhinein empfehlen. Zwar ist die Inanspruchnahme eines Rechtsanwalts für Markenrecht mit Kosten verbunden, jedoch sind diese Kosten im Vergleich zu einer Abmahnung deutlich geringer.

- Wann ist der ideale Eröffnungszeitraum?[3]

Aus Erfahrung würde ich für die Eröffnung immer den Frühling als Jahreszeit wählen. Alles erwacht zu neuem Leben, die Menschen denken positiver und öffnen sich für das Neue und Schöne.

[3]Was die ideale Jahreszeit für eine Eröffnung eines Ladengeschäfts anbetrifft, hatte ich einen wichtigen Faktor übersehen. Es war Herbst und die Tage waren kurz. Natürlich muss man davon ausgehen, dass ein neugegründetes Unternehmen nicht gleich von Anfang an boomt. In der Anlaufphase, die in der Regel ein Jahr dauert, muss man viel in Marketing investieren und darf nicht verzweifeln, wenn man nicht gleich die Chance bekommt, sein Können unter Beweis zu stellen. Jedenfalls hatte ich als Einzelunternehmen in einer "One-Woman-Show" ein etwas zu groß geratenes Ladengeschäft mit riesiger Fensterfront, das den ganzen Tag, mit sehr kontrastreichem Licht beleuchtet war. Gegen 16 Uhr ging die Sonne unter. Und was sahen all die Menschen, die zu Fuß, mit Fahrrad, Auto oder Straßenbahn am Geschäft vorbeikamen, oder diejenigen, die vor meinem Laden an der Ampel standen? Einen festlich erleuchteten Friseursalon mit einer Person darin, die ein Buch las. Dieser Anblick schafft kein Vertrauen! Aus Erfahrung wissen wir, dass wir alle nicht gerne in Geschäfte oder Restaurants gehen, die leer sind. Es gibt uns Sicherheit, wenn wir nicht die Einzigen sind. Das ist ein absolut menschliches Verhalten. Für mich jedoch war es fatal und wirklich nicht einfach, aus diesem Teufelskreis herauszukommen. Ich hatte Freunde und Verwandte gebeten, mich so oft wie möglich in meinem Laden zu besuchen, damit er etwas frequentierter schien, doch leider war das nur der Tropfen auf den heißen Stein. Dann hatte ich die Idee:

[3]Ich besorgte mir lebensgroße Schaufensterpuppen eine weibliche stehende Blondine und eine sitzende männliche Puppe. Die weibliche Puppe kleidete ich in ein leicht aufreizend geschnittenes Kostüm, dem sitzenden Pupperich zog ich einen Anzug an. Sie positionierte ich hinter dem Tresen, ihn setzte ich auf den Frisierstuhl. Daraufhin bewegte ich mich im Laden hin und her und tat beschäftigt. Sie werden es nicht glauben, aber nach zehn Minuten ging die Tür auf und es trat ein Gast ein. Er schaute sich um und war sichtlich verwirrt, als er die vermeintliche Kollegin und den sitzenden Gast als Puppen identifiziert hatte. Ich aber ergriff die Gelegenheit (im wahrsten Sinne) beim Schopf und verpasste ihm eine perfekte Frisur. Nach und nach trauten sich dank der Puppen immer mehr Gäste in meinen Salon und wurden zu Stammkunden. So konnte ich den sitzenden Pupperich bald durch echte Kunden ersetzen. Ich trennte mich aber nicht von den beiden Glücksbringern, auch nicht, als mein Kalender nach einem 3/4 Jahr komplett voll getaktet war.

- Wie setze ich den Eröffnungspreis fest?

Ich orientierte mich diesbezüglich im Vorfeld am Markt, am Potenzial des Standorts und der Kaufkraft der anvisierten Klientel. Dabei ging ich mit Fingerspitzengefühl vor[4]. Wer sich die Preisgestaltung nicht zutraut, kann auch Hilfe von Experten in diesem Bereich in Anspruch nehmen.[A]

> [4]Zu meiner Eröffnung in Frankfurt setzte ich die Preise nach intensiver Recherche des Marktes fest und lag ganz richtig, sodass ich relativ schnell einen großen Kundenstamm aufbauen konnte. Im Vergleich zu den Barbershops lagen meine Preise im oberen Bereich, zu traditionellen Damen- und Herrenfriseursalons hingegen eher im Mittelfeld. Für ein einstündiges Premiumpaket mit Haarwäsche, Analyse, Beratung, Schnitt, Kopfmassage, Styling und einem guten Scotch [Abb. 5] verlangte ich im Jahr 2013 38 Euro. Mein Konzept war von Anfang an auf Qualität ausgelegt, was meine Gäste sehr zu schätzen wussten. Sie waren es auch, die mich später dazu ermunterten, meine Preise zu erhöhen. Ein netter Gast, ein gebürtiger Brite nahm mich eines Tages zur Seite und meinte, dass ich viel selbstbewusster sein und meine Leistung nicht unter Wert verkaufen solle. Er versicherte mir, dass er durchaus bereit sei, für das Premiumpaket 50 Euro zu bezahlen. Bevor ich den Preis erhöhte, wollte ich noch andere Meinungen einholen, deshalb befragte ich einige der Gäste meines Vertrauens zu diesem Thema. Die meisten ermunterten mich

[4]zu erhöhen. 50 Euro sollten es dennoch nicht sein, sondern 45 Euro. Mit diesem Preis war ich zur damaligen Zeit sehr zufrieden und meine Gäste auch. Hin und wieder musste ich mir jedoch von meinen Bänkern augenzwinkernd vorrechnen lassen, dass dies einer Erhöhung von knapp 20 % entspräche…

[A]Setzt man Preise an und merkt, dass die Nachfrage ausbleibt bzw. sinkt, liegt es höchstwahrscheinlich daran, dass man sich verkalkuliert hat. Dies zu korrigieren, ist schwierig, denn dabei verliert man leicht an Glaubwürdigkeit. Es gibt also kein Zurück! Ein Ausweg wären Rabattaktionen, um die Kunden zu locken. Wenn man gut ist, kann man sie evtl. so sehr von der Qualität überzeugen, dass sie bereit sind, beim nächsten Mal die (etwas überhöhten) Preise zu bezahlen. Alternativ hält man so lange durch, bis die Mitbewerber*innen die Preise ebenfalls erhöhen. Geschickter ist es, die Preise etwas niedriger anzusetzen. Man kann so leichter Kunden generieren und auch halten. Wenn die Kunden zufrieden sind, machen sie auch eine Preiserhöhung mit. Erfahrungsgemäß wird eine jährliche Preiserhöhung von 10 % ohne Probleme akzeptiert.

Ambiente

Auch das Ambiente will geplant sein. Da dies ein sehr wichtiges Marketinginstrument und zudem ein fortlaufender und dynamischer Prozess ist, habe ich dem Thema „Ambiente" ein eigenes Kapitel gewidmet.
Zunächst sollte abgeklärt werden, wie viel Budget für das Inventar zur Verfügung steht.[B]

> [B]Bei einem evtl. begrenzten Budget würde ich nur die wichtigsten Möbel kaufen, dafür aber auf die Qualität achten. Es spricht nichts dagegen, dass nach und nach aufgestockt wird. Natürlich kann man auch über einen Kredit nachdenken, was für mich zu der Zeit jedoch nicht infrage kam.

Wenn man mehrere Mitarbeiter*innen einstellen möchte, ist zu überlegen, ob es sinnvoll wäre, zwischen den einzelnen Frisierplätzen so viel Platz einzuplanen, dass der Geräuschpegel am Nachbarplatz nicht die Kundengespräche übertönt und ebenfalls eine gewisse Diskretion gewährleistet ist. Oft erzählten mir meine Gäste, wie unangenehm sie es bei ihren ehemaligen Friseuren empfanden, wenn der Geräuschpegel hoch war. Auch unterhielten sie sich nicht gern, da sie immer das Gefühl hatten, dass der*die Kunde*Kundin nebenan alles mitanhört.[C]

> Man könnte zwischen den einzelnen Frisierplätzen filigrane Pflanzen, z. B Bambus oder leichte Trennwände aus Holz oder Geflecht mit einer Höhe von ca. 150 cm aufstellen. Diese bieten einen Blickschutz und vermindern den Geräuschpegel.

Da ich eine Zielgruppe mit Sinn für Stil und gehobenen Qualitätsansprüchen ansprechen möchte, habe ich den Salon mit entsprechendem Inventar ausgestattet, das diese Ansprüche widerspiegelt. Der Kunde soll sich wohlfühlen und sich möglichst mit der Umgebung identifizieren. Wenn man meinen Laden betritt, sticht neben den vielen Filmelementen sofort ein riesiges Porträt von Alfred Hitchcock ins Auge. Warum ich mich für das Thema Film entschieden habe, lag hauptsächlich an der aktuellen Entwicklung der "Filmstreaming-Kultur". Alle streamten neuerdings Serien und Filme von zu Hause aus und unterhielten sich über deren Handlungen. Filme und Serien waren einfach im Trend. Für das Porträt von Hitchcock entschied ich mich, weil ich ein großer Fan von Hitchcocks Filmen war (und noch bin) und diese für mich schon immer der Inbegriff von Stil und Qualität waren. Und genau das wollte ich in meinem Salon leben. So kaufte ich die Rechte für die Nutzung seines berühmten Porträts mit dem Raben und der Möwe auf den Schultern und ließ eine überdimensional große Leinwand anfertigen. Diese positionierte ich in meinem Salon an der Wand direkt gegenüber der Eingangstür. Seither wurde ich immer wieder gefragt, warum ich ausgerechnet Hitchcocks Portrait an der Wand hängen habe. Er sei doch ein Glatzkopf und für einen Friseur nicht repräsentativ. Ich entgegne dann, dass für mich die besondere Ästhetik bedeutsam ist, die seine Filme prägt. Sein Bild repräsentiert für mich den ästhetischen Anspruch.

Das Inventar weist neben Hitchcocks Porträt noch weitere Filmelemente auf, wie z. B. Filmposter, Figuren aus bekannten Serien und für Filmsets typische Deckenstrahler. Die Möbel sind im Industriedesign - eine Kombination aus Metall und Holz, welche wie Hitchcocks Filme eine gewisse Zeitlosigkeit ausstrahlen. Die Einrichtung mitsamt Ambiente haben sich über Jahre hinweg immer weiterentwickelt. Da ich meinen Gästen genau zuhöre, finde ich in Gesprächen heraus, welche Vorlieben und Interessen sie haben. So habe ich das Salon-Ambiente im Laufe der Jahre zum größten Teil den Vorlieben und Wünschen meiner treuen Gäste angepasst. Ich kann allen Dienstleistern*Dienstleisterinnen nur empfehlen, ihre Kunden*Kundinnen in den Geschäftsprozess miteinzubeziehen und so das Angebot zu 100 Prozent auf sie auszurichten. So wie ich meine Kunden in Sachen Stil und Frisur berate (siehe Beratung), so beraten mich meine Kunden zum Thema Kundenorientierung.

Wie schon erwähnt, war das Ladengeschäft für mich allein zu groß und so entschloss ich mich, mir meinen langjährigen Traum zu erfüllen und ein Chamäleon zu kaufen. Ich stellte also ein großes artgerechtes Terrarium mit Pflanzen und Regenanlage zentral im Salon auf und setzte ein junges Chamäleon hinein. Ich war begeistert, meine Gäste waren es und das Chamäleon hoffentlich auch. Zugleich zog auch eine Moschusschildkröte mit ein paar schönen Zierfischen in ein Aquaterrarium neben dem Chamäleon ein. Das Chamäleon bekam den Namen „Gecko"[5] und die Schildkröte nannte ich einfach nur „Schildi" [Abb. 3, 4]. Gecko und

Schildi versüßten von da an die Arbeitsatmosphäre und gehörten einfach dazu.

> [5]Der Name "Gecko" rührt daher, dass viele meiner Gäste zwar fasziniert von diesem Wesen waren, es jedoch nicht benennen konnten. Oft kamen Gäste zu ihrem Termin und das Erste, was sie mich fragten, war: "Wie geht's dem Gecko?" Ich erklärte jedesmal, dass es kein Gecko, sondern ein Chamäleon sei. Dafür fehlte vielen aber das Verständnis. Ganz nach dem Prinzip: Reptil = Gecko.

Für zusätzliche Unterhaltung während des Wartens und auch für meine regelmäßigen Whiskyabende besorgte ich später noch einen Pinnball-Automaten.[6]

> [6]Obwohl nun Schildi und Gecko da waren, hatte ich noch immer viel Platz und so musste noch ein weiterer "Raumfüller" her. Ich wollte aber keine Produktregale aufstellen, da immer noch das Thema "Film" im Zentrum stehen sollte. Ich wägte zusammen mit meinen Gästen während ihres Besuchs ab, was infrage käme. Es sollte etwas für den Zeitvertreib im Wartebereich, aber auch partytauglich für meine Whiskyabende sein, die ich hin und wieder veranstaltete. Zuerst dachte ich an einen schönen edlen Billardtisch und fand diese Vorstellung sehr ansprechend, bis mich ein Gast darauf hinwies, dass dann ja immer zwei Kunden warten

[6]müssten, da Billard nicht allein gespielt würde. Es leuchtete ein, dass dies keine Option war. Andere Gäste schlugen Tischkicker, Airhockey, Darts und Flipperautomaten vor. Die meisten Spiele außer Darts und Flipper konnte man nur zu zweit spielen, wobei Darts für mich nicht infrage kam. So blieb noch der Flipperautomat übrig. Ich informierte mich im Internet, wo man einen Flipperautomaten herbekommt, und entdeckte einen Händler in Baden-Württemberg. Ich fuhr dorthin und wurde nach Ankunft vom Inhaber in eine riesige Halle geführt, in der gebrauchte Flipperautomaten in allen Variationen und Preisklassen standen. Der Inhaber meinte, ich könne gerne alle ausprobieren. Nach ca. zwei Stunden hatte ich genug "gezockt" und es war Zeit für eine Entscheidung. Drei Automaten waren in der engeren Wahl, aber ich konnte mich noch nicht endgültig entscheiden. Ich beschloss daraufhin, dass mir meine Gäste bei der Entscheidung helfen sollten. Zurück in Frankfurt stellte ich die drei Flipper auf Google+ [Q12] ein. Dann startete ich eine Abstimmung und sagte meinen Gästen Bescheid, dass sie sich an der Abstimmung beteiligen konnten. Ich war sehr gespannt, wie diese sich entwickeln würde. Sehr viele nahmen teil und am Ende gewann der "Swords Of Fury, Baujahr 1988". Das war eine gute Wahl, denn das Modell ist einfach unschlagbar und hat sogar die Multiball-Funktion! Kurz darauf bestellte ich den Flipperautomaten

[6]und wartete am Tag der Lieferung zusammen mit ein paar interessierten Gästen gespannt auf die Spedition. Endlich war es so weit und der LKW hielt vor der Eingangstür. Der Flipper wurde in den Salon getragen und schön positioniert. Sogleich wurde der Swords Of Fury [Abb. 1] "eingeweiht" und etwas temperamentvoll aus seinem Dornröschenschlaf geweckt. Viele Augen leuchteten und ich wusste: Das war die richtige Wahl! Seitdem hat er einen großen Anteil an dem unverwechselbaren Ambiente meines Salons - und das dank der Ideen meiner Gäste!

Abbildung 1: Der Flipperautomat macht auch mit Anzug riesige Laune.

Oft bringen meine Gäste einen Freund zu einem Doppeltermin mit. Dann spendiere ich einen guten Rum oder Whisky und wir plaudern zu dritt - oft über Filme, Serien, Spirituosen oder was sonst gerade interessant ist, während ich die beiden style. Wenn anschließend noch Zeit ist oder sie meine letzten Gäste des Tages sind, spiele ich auch gerne mal ein paar Runden Flipper oder Backgammon mit und stoße mit ihnen an [Abb. 2].

Abbildung 2: Ein Backgammonspiel im Vordergrund.

Zur Beruhigung: Man muss nicht gleich zu einem Flipperautomaten oder zu Reptilien greifen, um seinen Gästen ein schönes Ambiente zu bieten[D].

ᴰSei es ein kleiner Mops, der sich den ganzen Tag von der Kundschaft kraulen lässt, ein schönes Meerwasseraquarium, welches mit Farben und harmonischen Bewegungen der Bewohner den Salonalltag unterstreicht, Geschicklichkeitsspiele, wie zum Beispiel Cast Puzzles [Q17] oder originelle Zeitschriften, die den Ansprüchen der Leserschaft entsprechen. Die Kunden werden es zu schätzen wissen. Ein Tipp: Je mehr man sich auch in diesem Bereich von der breiten Masse abhebt, desto mehr ist man im Gespräch. So könnte z. B. ein Dialog unter Freunden verlaufen: „Na Peter, was machst du denn heute Abend?" „Hi Oli, ich habe nachher einen Termin bei HitchCut. Da gibt es während des Haareschneidens leckeren Rum und zum Abschluss noch eine tolle Kopfmassage. Willst du mitkommen? Dann können wir dort noch ein-zwei Runden flippern? Dort laufen auch immer sehr coole House-Sets." „Klingt cool! Okay, ich komme mit! Meinst du, ich bekomme auch einen kleinen Rum?" „Klar doch!" „Super, dann bis später!!"

Begrüßung des Kunden

1. Sich vorstellen

Am Anfang siezte ich alle meine Gäste, da mir das für meine anvisierte Zielgruppe angemessen erschien. Meiner Meinung nach unterstrich dies mein Konzept und signalisierte Seriosität und den hohen Anspruch. Oft ergab es sich aber während des netten Plauderns mit einigen meiner Gäste, dass wir plötzlich beim "Du" waren, was sehr angenehm war und die ganze Situation noch persönlicher machte. Leider vergaß ich aber oft, mit welchen Kunden ich schon per Du war und fing beim nächsten Mal wieder an, sie zu siezen. Reagierte ein Kunde auf das "Sie" irritiert, lag nahe, dass wir letztes Mal beim "Du" waren. Um dies wieder einzurenken, fragte ich dann, ob wir letztes Mal denn nicht schon beim "Du" waren und schlug vor, dass wir das von mir aus auch gerne so beibehalten könnten. Diejenigen, mit denen ich per „Du" war, stimmten mir zu und mit denjenigen, bei denen ich mich irrte, einigten wir uns in der Regel aufs "Du". Um Ordnung in dieses "per-Du und per-Sie-Chaos" zu bringen, fing ich an, mir zu den Gästen Notizen zu machen, damit ich einfach nur nachzuschauen brauchte. Ich merkte jedoch bald, dass dies nicht so funktionierte wie erhofft, da es einfach zu viele Kunden waren. Dann fiel mir die Lösung ein: Ich duzte einfach alle meine Gäste und so konnte nichts mehr schiefgehen. Natürlich machte ich individuelle Ausnahmen, aber insgesamt lohnte es sich, denn die irritierten Reaktionen blieben mir seitdem erspart. Wenn ich mich mit meinem Vornamen vorstelle, verraten mir meine Gäste i. d. R. auch sofort ihren Vornamen. Wenn einer etwas zögert und mir seinen Vornamen nicht gleich nennt, frage ich, wie denn sein Name ist. Wenn er diesen deutlich sagt, sind wir beim "Du". Wenn er ihn eher in den Bart hinein nuschelt, sieze ich ihn lieber. Manche Gäste frage ich auch direkt, ob es für sie ok ist, wenn wir uns duzen. Bislang verneinte dies noch niemand. Ich habe die Erfahrung gemacht, dass die meisten meiner Gäste es gut finden, dass wir uns duzen. Manchmal jedoch kommt es vor, dass sich beispielsweise jüngere Gäste nicht gleich trauen, mich zu duzen, obwohl wir uns darauf geeinigt hatten. Sie umgehen die Anrede im Gespräch und es bedarf in der Regel zwei bis drei Sitzungen, bis sie sich trauen. Ältere Kunden sieze ich eher. Aber auch hier gibt es Ausnahmen.[E]

Im Laufe der Zeit habe ich einen Blick dafür entwickelt, ob es besser ist, jemanden zu siezen oder zu duzen.[8]

> [E]Kommt er besonders lässig um die Ecke, stelle ich mich mit Vornamen vor. Es ist aber nicht immer einfach, Kunden richtig einzuordnen. Einer kann locker und aufgeschlossen wirken, ist aber eher distanziert und will deshalb nicht geduzt werden. Ein anderer kann beispielsweise unnahbar scheinen, ist aber eigentlich locker und offen. Ich verlasse mich gerne auf meine Intuition, da Körpersprache zum Großteil unterbewusst wahrgenommen wird.

[8]Als ein Endfünfziger, nennen wir ihn Ralf, den Laden betrat, musste ich blitzschnell entscheiden, ob ich mich ihm mit Vor- oder Nachnamen vorstelle. Ich sagte spontan: "Guten Tag, ich bin Heike". Viele stellen sich daraufhin ebenfalls mit ihrem Vornamen vor. Ralf zögerte und schaute etwas irritiert. Ich fügte hinzu: "Ist es okay, wenn wir uns duzen?" Er meinte, dass er das etwas ungewohnt fände, aber irgendwie interessant. Ich meinte daraufhin, dass wir auch gerne beim Sie bleiben können, ich aber üblicherweise in meinem Salon mit den Gästen per Du sei. Darauf sagte er: "Gut, dann probieren wir das mal aus." Ich hakte nochmals nach: „Und, wie ist dein Name?" Erst dann nannte Ralf mir seinen Vornamen. Um die für mein Empfinden angespannte Situation etwas zu lockern, meinte ich zu ihm, dass es sich sicher nach ein paar Sessions und wenn wir uns besser kennen gelernt hätten, nicht mehr komisch anfühlen würde. Tatsächlich war dem so und er hatte mit der Zeit so viel Vertrauen aufgebaut, dass er mir sogar irgendwann von seiner Begegnung mit anderen Wesen erzählte.

2. Neukunden Sicherheit geben

Neukunden sind manchmal unsicher und brauchen eine führende Hand, bis sie sich im Salon orientieren können. Nach der Begrüßung nehme ich dem Gast die Jacke ab und lasse ihn sich in Ruhe umschauen. Ich lasse ihn Teil des Umfelds werden, damit er sich wohl und wie bei Freunden fühlt. Wenn er sich umschaut und sein Blick irgendwo haften bleibt, erläutere ich ihm das Objekt.[F]

> [F]Ein neuer Gast sieht beispielsweise das Terrarium. Ich sage: "Das ist das Zuhause von Gecko, dem Chamäleon." Ich erwähne, dass es ein Männchen ist und während ich auf das Bäumchen am Fenster zeige, frage ich ihn, ob er das Chamäleon auf dem Ast sitzen sehen kann. "Er darf sich nämlich frei im Salon bewegen". Ein anderer wird auf das Aquaterrarium von Schildi und den Fischen aufmerksam. Schildi ist ebenfalls männlich und auf den ersten Blick eher unauffällig, doch bei näherem Hinsehen nicht weniger faszinierend als Gecko. Was ich immer wieder erwähne, ist, dass Schildi nur im Wasser fressen kann und er sowohl über eine Lunge als auch über Kiemen verfügt. Das ermöglicht ihm, zwischen 100-150 Tagen - je nach Temperatur des Wassers - unter Wasser zu bleiben, ohne an die Oberfläche kommen zu müssen.

Abbildung 3: Gecko, das Chamäleon, sitzt auf meiner Hand im Alter von ca. einem Jahr. Er ist im Jahr 2021 im hohen Alter von ca. 7 Jahren friedlich und ohne langen Leidensweg an Altersschwäche verstorben. Gecko hat mit seinen tollen Eigenschaften und seinem einmaligen Charakter jeden Tag aufs Neue fasziniert. Er hatte ein schönes Terrarium, zog es aber vor, im Salon umherzuwandern. Irgendwann, wenn er Lust hatte, steuerte er auf mich zu, kletterte an mir hoch bis auf meine Schulter und blieb dort sitzen, während ich meine Gäste bediente.

Abbildung 4: Das ist ein sehr schönes Foto von Schildi, der Schildkröte. Es handelt sich um eine sogenannte Moschusschildkröte. Auf dem Bild ist er ca. zehn Jahre alt und hat bestenfalls noch weitere ca. 30 Jahre vor sich.

> [F]Wenn ich bemerke, dass der Blick eines Gastes am Whiskyregal hängen bleibt, frage ich ihn, ob er sich ein wenig mit Whisky oder Rum auskennt. Ich führe ihn zum Regal, wo er das Sortiment aus der Nähe betrachten kann und er darf mir dabei erzählen, welche Sorten er kennt oder schon einmal probiert hat. Daraufhin stelle ich ihm ein paar Scotch- und Rummarken vor und erläutere den Unterschied zwischen Scotch, Irish und Bourbon. Schon habe ich wieder einen Anknüpfungspunkt, welcher den Gast mit dem Umfeld und meiner Person vertraut macht und Teil der Umgebung werden lässt.

Die meisten Gäste sind fasziniert von den Salonmaskottchen und fragen mich über die beiden aus. Ich stelle ihnen Schildi und Gecko vor und erzähle von deren besonderen Eigenheiten und schon haben wir die erste Hürde überwunden. Auch das Whisky-Regal[9] [Abb. 5] ist ein großer Blickfänger.

Wichtig ist, den Kunden zu beobachten und zu erkennen, wofür er sich interessiert. Sicher gibt viele verschiedene Herangehensweisen, wie man dem Gast Sicherheit in der für ihn neuen Umgebung gibt.

> [9]Ein schottischer Gast sprach mich irgendwann einmal darauf an, dass sich Whisky doch sicher ganz gut in meinem Salon machen würde. Damals hatte ich noch keine Ahnung, was ein guter Scotch ist. Ich lehnte mit einer Handbewegung ab und wandte ein, dass damit viel zu viel Aufwand verbunden wäre. Mit dem Eis und so… Er sah mich höchst empört an und meinte daraufhin, dass es eine Sünde sei, zu einem guten Scotch Eis zu nehmen. Oh, das war mir aber peinlich. Aber er nahm es mir (fast) nicht übel. Warum sollte ich es dann nicht einfach einmal ausprobieren? Er empfahl mir zwei "Einsteiger-Whiskys", den Old Pulteney [Q13] und den Highland Park [Q14], die nicht diesen herben „Torfgeschmack" haben, aber auch für den "geübten" Gaumen ein Hochgenuss sind. Als ich die beiden Scotch im Salon anbot, entpuppten sich plötzlich viele meiner Gäste als Kenner und empfahlen mir weitere Scotch.

[9]Ich fand das Thema genauso spannend wie meine Gäste und so erwarb ich nach und nach ein ansehnliches Sortiment, für das ich nun ein Regal brauchte. Wie man auf dem Bild [Abb. 5] sehen kann, stehen neben den verschiedenen Scotch- auch hochwertige Rum- und Bourbonsorten.

2016 veranstaltete ich in Frankfurt zusammen mit einem meiner Gäste, der sich hervorragend mit Scotch auskannte und nebenbei in Whisky als Geldanlage investierte, ein Whisky-Tasting. Es war so ein Erfolg, dass mich Gäste, die an dem Abend dabei waren, noch Monate später darauf ansprachen und fragten, wann denn endlich das nächste Tasting stattfinden würde. Zunächst veranstaltete ich jedoch kein Tasting, sondern einen sizilianischen Weinabend mit einem großen selbstgemachten Buffet. Der Wein und das feine Olivenöl stammten aus der Herstellung eines sizilianischen Stammkunden. Der Weinabend war ebenfalls ein großer Erfolg.

Abbildung 5: Hier sehen Sie das mittlerweile recht ansehnliche Whisky-Regal, welches durch einen meiner ersten Gäste, einen Schotten, initiiert wurde.

3. Stammkunden wiedererkennen

Um zu signalisieren, dass der Gast etwas Besonderes und nicht nur einer von vielen ist, ist es wichtig, sich an prägnante Gesprächsinhalte seines letzten Besuchs zu erinnern. Wenn der Gast hereintritt, signalisiere ich meine Freude über das Wiedersehen und frage, wie es ihm seit dem letzten Besuch ergangen ist. Wenn möglich, spreche ich ihn auf die Dinge an, die er beim letzten Besuch erwähnte. Erfahrungsgemäß freuen sich meine Gäste darüber. In der Anfangszeit, nach meiner Eröffnung fiel es mir nicht so leicht, mir Gesichter, Namen oder gar Gesprächsinhalte zu merken. Ich wusste aber, dass Kundenbindung in der Dienstleistungsbranche essenziell ist. Aus diesem Grund trainierte ich mein Personengedächtnis.[10]

Bis ich mit dem Trainingsergebnis meinen eigenen Ansprüchen gerecht wurde, machte ich mir gelegentlich Notizen zu den einzelnen Gästen.

[10]Relativ schnell, nachdem ich 2013 meinen Salon in Frankfurt eröffnet hatte, stellte ich fest, dass es gar nicht so einfach war, mich an die Namen oder Gesprächsinhalte meiner Gäste zu erinnern. Wenn die Gäste telefonisch ihre Termine vereinbarten, war es einfach. Sie nannten ihren Namen, den ich direkt in meine Kalender eintrug. Anders war es aber, wenn ein Gast einfach vorbeikam, um vor Ort einen Termin zu vereinbaren. Auch wenn er schon einige Male da war, konnte es sein, dass ich mich nicht an seinen Namen erinnerte, was mir dann sehr peinlich war. In dem Fall blieb mir nichts anderes übrig, als noch einmal nach seinem Namen zu fragen, damit ich ihn in den Kalender eintragen konnte. Manchmal, wenn es mir einfach unmöglich schien, nach dem Namen zu fragen, weil es sich um einen Stammkunden handelte, der meiner Vermutung nach erwartete, dass ich seinen Namen kannte, notierte ich ein Fragezeichen und hoffte, dass mir der Name später noch einfallen würde. Sicher hatte der Großteil meiner Gäste gar nicht die Erwartung, dass ich mir alle Namen merken konnte, doch manchmal meinte ich, Anzeichen von Enttäuschung in ihren Gesichtern abzulesen, wenn ich nach ihren Namen fragte. Deshalb entschloss ich mich, mein Gedächtnis zu trainieren und die Namen meiner Gäste auswendig zu lernen. Außerdem wollte ich mich an die letzten Gespräche erinnern, um beim nächsten Besuch meines Gastes daran anzuknüpfen zu können. Um die Erinnerung zu trainieren, gibt es verschiedene Techniken [Q1]. Es dauerte ein paar Monate, bis mein Gedächtnis auf dem gewünschten Stand

[10]war. Bis dahin machte ich mir oft Notizen zu meinen Gästen. Neben den Namen notierte ich mir prägnante Themen, wie z. B. Urlaub, Schwangerschaft der Frau, Hochzeit, Geburt usw. und über was wir sonst noch so geplaudert hatten. Immer kurz bevor der betreffende Gast zu seinem nächsten Termin kam, schaute ich schnell in mein Notizbuch und war daraufhin wieder up to date, was unser letztes Gespräch betraf. Ich konnte super anknüpfen und wir alle hatten ein gutes Gefühl. Meine Gäste fühlten sich bei mir gut aufgehoben. Einer meiner Stammgäste war ganz besonders beeindruckt, als ich ihn fragte, wie denn sein Urlaub in Griechenland war und wie es seiner schwangeren Frau ging. Er meinte, dass er gar nicht erwartet hätte, dass ich mich an unser letztes Gespräch erinnerte und freute sich sehr darüber. Außerdem lobte er mich für mein großartiges Gedächtnis. In diesem Moment kam ich mir aber wie eine Schwindlerin vor, weil ich meinen Gast so hinters Licht geführt hatte. Deshalb musste ich ihm das mit den Notizen beichten. Er lachte laut und musterte mich nachdenklich. Dann meinte er: "Coole Idee mit dem Notizbuch! Das werde ich bei meinen Bankkunden ab jetzt auch so machen." Trotzdem zog er mich zum Spaß bei jedem seiner folgenden Besuche mit der Frage auf, ob ich denn heute schon ins Notizbuch geschaut hätte. Das Witzige an der Sache war aber, dass ich schon kurze Zeit später kein Notizbuch mehr brauchte und mir die meisten Sachen merken konnte - was er mir aber nicht abnehmen wollte…

Die richtige Ausstrahlung

1. Ruhe ausstrahlen

Ich gebe mein Bestes, um für den Gast eine Atmosphäre zu schaffen, in der er sich gut aufgehoben fühlt und loslassen kann. Viele Gäste (vor allem die in den Abendstunden) haben einen anstrengenden und stressigen Tag hinter sich und wollen einfach nur entspannen und herunterkommen.G Dass ich sie dabei unterstütze, wissen die meisten meiner Gäste zu schätzen. Aber nicht immer fällt es mir so leicht, wie es scheint.

> GEs gibt verschiedene Situationen im Arbeitsalltag, während derer man einfach Ruhe bewahren sollte. Sei es, wenn Kunden zu spät oder gar nicht zu ihrem Termin erscheinen, sich in Pandemiezeiten nicht an Hygienevorgaben halten wollen, extreme politische Gesinnungen kundtun oder schlussendlich, nachdem sie es sich gut gehen ließen und den besten Service erhielten, versuchen, den Preis herunterzuhandeln.

> „Es ist verständlich, dass es in diesen Fällen jedem Dienstleister manchmal schwerfällt, seinen Gästen entspannt entgegenzutreten. Atemübungen wirken bei mir Wunder. Vier Sekunden einatmen, sechs Sekunden ausatmen. Wenn ich die Übung zehn Mal hintereinander mache, verschwinden die schlechten Gedanken. Anschließend fokussiere ich mich vollkommen auf den netten Gast, der gerade vor mir sitzt und schaffe es so, entspannt zu bleiben und nicht, wie ich kurz zuvor noch den Impuls verspürte, mir die Haare zu raufen oder einfach zu gehen.

2. Kompetenz zeigen

Nur wenn ich mit dem Ablauf vertraut bin, sind meine Handgriffe sicher. Vieles in meinem Arbeitsablauf ist mittlerweile Routine geworden (vergleichbar mit Autofahren). Das strahlt Sicherheit aus und gestaltet den gesamten Ablauf sehr effizient. Trotzdem passe ich jeden Handgriff jedem einzelnen Kunden individuell an, indem ich bei den routinierten Abläufen entsprechend „fein justiere". Das Know-how spielt hierbei die wichtigste Rolle. Fundiertes handwerkliches Wissen kann man sich in der Ausbildung, im Meisterkurs, in Seminaren und Workshops aneignen. Die meisten dieser Kurse oder Veranstaltungen sind aber ergebnisorientiert ausgelegt. Was jedoch leider nicht vermittelt wird, sind Service und Zufriedenheit des Kunden. Dies ist aber essenziell, um einen Kundenstamm aufzubauen und einen Betrieb nachhaltig erfolgreich zu führen."

> [H]Köche*Köchinnen beispielsweise lernen in ihrer Ausbildung die Zubereitung von Speisen. Genauso wichtig ist es auch, die Speisen auf dem Teller appetitlich anzurichten. Ein Koch sollte ebenfalls beherrschen, den Tisch ansprechend zu decken. Das repräsentiert die Küche und schafft Vertrauen. Bei Lehrveranstaltungen in der Friseurbranche sind sowohl die Rollen des Friseurs als auch die des Modells vorgegeben. Hier spielt es keine Rolle, ob das Modell Vertrauen entwickelt, zufrieden ist, sich wohlfühlt und wieder kommt. Es geht lediglich darum, den*die Seminarleiter*in zu überzeugen, nicht das Modell. Ist der*die Seminarleiter*in zufrieden, war man erfolgreich. Das Verhalten während des Kreierens der Frisur spielt in der Lehrveranstaltung keine Rolle, in der Realität aber eine sehr große.

3. Souveränität

Souveränität kommt von innen! Wenn man Herr*in der Lage ist, strahlt man das auch aus. Kompetenz und Souveränität sind sehr eng miteinander verknüpft.[1]

> [1]Wer z. B. schon einmal bei einem*einer guten Maßschneider*in war, hat sicher bemerkt, dass diese*r zunächst sehr aufmerksam alle Wünsche aufnimmt, Maß nimmt und nach der Beratung einen konkreten Anzug oder ein Kostüm vorschlägt. Der*die Maßschneider*in hat dann schon das fertige Stück vor dem inneren Auge und es muss nur noch umgesetzt werden. Im Idealfall passt der Anzug oder das Kostüm bei der zweiten Anprobe. Genau dieses Prinzip gilt auch beim Friseur. Der einzige Unterschied ist: Die Frisur muss schon beim ersten Mal perfekt sitzen!

Vertrauen aufbauen

1. Ehrlichkeit

Ein Verkaufspsychologe, der als Unternehmensberater tätig ist, einen Podcast macht und Online-Kurse anbietet, hatte einmal einen Gast in seinem Studio und stellte folgende Frage in den Raum: "Wie kommt man bei Kunden*Kundinnen glaubwürdig rüber?" Die beiden diskutierten über verschiedene Techniken wie:
- Körperhaltung, Neigen des Kopfes in eine bestimmte Richtung während des Zuhörens, Position der Hände, Richtung der Fußspitzen und des Bauchnabels, Blickkontakt, Spiegeln / Mirroring (siehe 2. psychologisch vorgehen) - usw.

Ich fragte mich die ganze Zeit, warum der Begriff "Ehrlichkeit" nicht erwähnt wurde. Ehrlichkeit ist meines Erachtens die sicherste Methode, um bei seinem Gegenüber glaubwürdig und sympathisch anzukommen. Wenn man von seinem Produkt, seiner Dienstleistung, seinem Angebot etc. überzeugt ist, ist man automatisch glaubwürdig!

2. psychologisch vorgehen

Es besteht die Annahme, dass Menschen, die sich gut verstehen, einander in der Kommunikation angleichen. Dies betrifft u. a. den Tonfall, die Lautstärke, das Sprechtempo, die Körperhaltung, die Distanz und die Direktheit des Auftretens [Q2]. Das Phänomen, was auch als "Spiegeln" oder "Mirroring" bezeichnet wird, kann man oft bei langjährigen Paaren und bei Menschen beobachten, die einander sympathisch sind [Q3], [Abb. 6]. Daher setzen Verkäufer*innen dieses Prinzip gezielt bei Kunden*Kundinnen ein, um sympathisch zu wirken und dadurch besser zu einem Verkaufserfolg zu kommen. Natürlich bedarf es eines langen Trainings, bis man sein Gegenüber so gut spiegelt, dass es glaubwürdig und authentisch wirkt. Mir stellt sich jedoch die Frage, ob es sich lohnt, viel Zeit in ein solches Training zu investieren. Mit hoher Wahrscheinlichkeit bringt es einen nachhaltigeren Erfolg mit sich, wenn man einfach ehrlich und authentisch ist.

Abbildung 6: Das Bild zeigt zwei Personen, die den gleichen Gesichtsausdruck und die gleiche Kopfhaltung haben (ich bin's 😉).

3. Den Kunden beim Namen nennen

Um dem Kundengespräch die Anonymität zu nehmen und dafür einen persönlichen Charakter zu geben, kann man gezielt den Namen seines Gegenübers ins Gespräch mit einflechten. So wie ich es sonst auch selbstverständlich bei Freunden oder Familienmitgliedern mache, so flechte ich den Namen meines Gastes in unser Gespräch mit ein.J Dies gibt ihm ein Gefühl von Vertrautheit und Freundschaftlichkeit.

> ⁾Wenn ich möchte, dass Daniel zum Waschplatz geht, sage ich: "Magst du dich schon mal rüber an den Waschplatz setzen, Daniel?" Wenn ich bei Christian an den Urlaub anknüpfen möchte, könnte die Frage lauten: "Na Christian, wie war es denn in der Provence und seit wann bist du schon wieder zurück?"

4. Gepflegtes Erscheinungsbild

Entsprechend meiner Klientel passe ich mein Outfit an. Ich bin der Meinung, dass ein ordentliches und gepflegtes Erscheinungsbild eine Geste des Respekts ist. Ich vermeide es aber overdressed zu sein, denn erfahrungsgemäß kann man Kunden damit verunsichern.[11] Ob leger oder fein: Authentizität ist wichtig, d. h. die Kleidung sollte zum Typ und der Situation passen.

> [11]Ich ließ mir ein hochwertiges Kostüm schneidern und hatte vor, in Zukunft in dieser Art Uniform zu arbeiten. Der Hauptgrund dafür war, dass ich mit dem Kostüm immer korrekt gekleidet wäre und mir nicht jeden Morgen aufs Neue über mein Outfit Gedanken hätte machen müssen. Gleich am ersten Tag in diesem tollen Kostüm merkte ich aber, dass ich etwas übersehen hatte. Ich hatte mir keine Gedanken darüber gemacht, wer an diesem Tag kommt und wie mein Outfit auf

[11]meine Kunden wirken könnte. An diesem Tag kamen unter anderen Studenten und Handwerker. Ich begrüßte sie wie immer an der Tür - diesmal aber in meinem neuen Outfit. Manche musterten mich scheel von der Seite, andere waren distanzierter als sonst. Ich spürte deutlich die unausgesprochenen Fragen - beispielsweise, ob heute ein besonderer Tag sei, von dem sie nichts mitbekommen hatten. Ein Gast in Jeans und T-Shirt meinte: "Uuiih! Wenn ich gewusst hätte, dass du dich heute so in Schale schmeißt, hätte ich mir auch was Feines angezogen".

Abbildung 7: Das Bild zeigt mich in meinem schönen Kostüm beim Öffnen der Eingangstür...

5. Den Kunden miteinbeziehen

Jeden Neukunden beziehe ich in den gesamten Ablauf mit ein und erläutere bei Bedarf die einzelnen Schritte. Ich gehe auf Fragen ein und fange erst an, wenn alle Unklarheiten beseitigt sind. Der Gast soll sich nicht als Objekt in einem routinierten Prozess fühlen, sondern als wertvolles Individuum.

Viele Friseure haben zwar ähnliche Abläufe, aber vielleicht in anderer Reihenfolge und das könnte bei neuen Gästen für Verwirrung sorgen.[K]

> [K]Oft habe ich beobachtet, dass Friseure die Beratung vor der Haarwäsche vornehmen. Wenn ein Kunde das so kennt und das erste Mal zu mir kommt, würde er sich wundern, wenn ich ihn ohne Kommentar direkt zum Waschbecken begleite. Darum erkläre ich ihm kurz, dass ich zunächst seine Haare waschen und ihn danach ausführlich beraten werde. Wenn er möchte, erläutere ich ihm auch gerne, warum ich es sinnvoll finde, die Beratung nach der Haarwäsche und der Haaranalyse vorzunehmen.

Kommunikation

1. Respekt und Freundlichkeit

Es ist für mich selbstverständlich, dass jeder Kunde respektvoll und freundlich behandelt wird. Leider ist aber immer wieder sowohl im Einzelhandel als auch in anderen Dienstleistungsbranchen zu beobachten, dass Menschen nach ihrem Äußeren beurteilt werden. Zu meiner Klientel gehören einerseits gut situierte Herren, die entsprechend gekleidet sind und für die der Preis eines hochwertigen Haarschnitts keine Rolle spielt, und andererseits Kunden, die eher leger gekleidet sind und sich einen guten Haarschnitt "gönnen". Ich schätze alle sehr und verhalte mich all meinen Gästen gegenüber freundlich und korrekt und urteile nicht nach dem Äußeren.

2. deutlich sprechen

In der mündlichen Kommunikation ist es wichtig, klare und einfache Sätze zu formulieren und diese verständlich und deutlich zu artikulieren. Wer in seinen "Bart hinein nuschelt" wird als unsicher, schüchtern oder gar inkompetent wahrgenommen. Ich vermeide es aber, trotz meiner selbstbewussten Ausdrucksweise, einschüchternd oder arrogant zu wirken, indem ich mich auf den Gast einstelle und ihn in den Mittelpunkt stelle.

3. Zuhören

Das Smartphone hat in der Gesellschaft mittlerweile einen so hohen Stellenwert, dass jeder meint, ständig im "Abrufmodus" sein zu müssen und sich von seiner aktuellen Tätigkeit ablenken lässt. Während der Arbeit mit Freunden zu telefonieren, zu chatten oder Nachrichten zu lesen, ist für mich ein absolutes No-Go. Während der Gast sich mit mir unterhält, schenke ich ihm meine volle Aufmerksamkeit. Auch wenn das Telefon klingelt oder Kunden hereintreten, unterbreche ich ihn nicht und lasse ihn reden, bis er fertig ist. Erst dann entschuldige ich mich, um mich ggf. kurz abzuwenden. Grundsätzlich vermeide ich jedoch, den "Kommunikationsflow" [Abb. 8] des Gastes zu unterbrechen. Wenn man nicht zuhört, kann man auch nicht die Bedeutung des oder hinter dem Gesagten heraushören.[L]

Abbildung 8: Ein Gast ist mitten im Gespräch. Ich bin 100 Prozent bei ihm und lasse ihn so lange reden, bis er fertig ist.

> Bei manchen Themen, wie zum Beispiel androgenem Haarausfall oder abstehenden Ohren ist besondere Sensibilität gefragt. Für viele meiner Gäste sind diese Themen sehr belastend oder peinlich. Feingefühl ist hier wesentlich. Dies gibt dem Kunden Sicherheit und hilft, letztendlich die passende Frisur zu finden.

4. Ein offenes Ohr haben

Einige Gäste haben das Bedürfnis, mir als ihrer Friseurin Dinge mitzuteilen, die sie beschäftigen. Auch wenn sie viele Leute kennen, wollen sie diesen nicht immer persönliche oder gar intime Dinge anvertrauen. Meine Gäste wissen, dass ich ein offenes Ohr habe und sie gerne erzählen lasse. Oft unterstütze ich sie in ihrer Sichtweise. Wenn meine Gäste möchten, gebe ich auch gerne Ratschläge oder Feedback. Da ich ehrlich bin, müssen sie allerdings damit rechnen, dass meine Meinung auch mal etwas unangenehm ausfallen kann [Abb. 9]. Manchen dagegen reicht es vollkommen aus, wenn ich nur zuhöre. Sie möchten gar keine Meinung oder Feedback zu dem, was sie mir erzählen. Wenn ich das feststelle, halte ich mich zurück und gebe ihnen einfach ein gutes Gefühl, indem ich wohlwollend nicke oder ihnen zustimme.

Abbildung 9: Ein Gast hat mich um meine Meinung gefragt, die ich ihm in dem Moment offeriere...

5. Diskretion

"Ein Gentleman lässt sich nur von drei Personen berühren: von seiner*seinem Frau*Mann, seinem*seiner Arzt*Ärztin und seinem*seiner Friseur*in". Als Friseurin bin ich für viele eine vertraute Person, die sie in regelmäßigen Zeitabständen treffen. Oft sogar regelmäßiger als seine besten Freunde*Freundinnen. Dieses Vertrauensverhältnis kann so weit gehen, dass meine Gäste mir sehr persönliche Dinge erzählen, die sie sonst niemandem erzählen würden - nicht einmal ihren engsten Freunden*Freundinnen oder dem*der Partner*in. Ein Faktor spielt dabei eine besondere Rolle. Der Gast kennt mich und ich kenne ihn. In der Regel aber kennt weder er die mir nahestehenden Menschen, noch kenne ich die seinen (nur aus Erzählungen oder flüchtigen Begegnungen). Das bedeutet, ich plaudere seine Geheimnisse niemandem aus, dem gegenüber er sich rechtfertigen müsste oder andersherum. Meine oberste Priorität ist Diskretion! Ich hüte mich stets, mit anderen meiner Gäste oder Bekannten über die mir anvertrauten Themen zu plaudern. Denn auch wenn der Name anonym bleibt, könnte es ein*e Freund*in, Nachbar*in oder Kollege*Kollegin sein, der*die anhand des Sachverhalts die betreffende Person erkennt.

Sympathie

1. Lachen

Wer lacht nicht gerne? Oft wirkt es erfrischend, wenn man dem Ernst des Alltags mit Humor begegnet [Abb. 10]. Beim Lachen werden Endorphine freigesetzt [Q4] und die Ausschüttung des Stresshormons Adrenalin unterdrückt. Die kurzzeitigen Veränderungen im Hormonhaushalt können so stark sein, dass sie sogar helfen, Schmerzen zu lindern. Ich unterhalte mich mit meinen Gästen sehr gerne über lustige Begebenheiten, Filme oder Serien. Manchmal sind auch politische Themen sehr amüsant.

Abbildung 10: Ich kann mich nicht mehr über den Inhalt unseres Gesprächs erinnern, jedenfalls scheint er lustig gewesen zu sein.

2. Interessen

Ähnliche Interessen verbinden! Daher versuche ich herauszufinden, welche Interessen mein Gast hat. Erfahrungsgemäß gibt es immer diverse Überschneidungen.[M] Daher sind unsere Gespräche meist sehr positiv.

> ᴹMusik lieben die meisten: Wer kennt nicht das wunderbare Gefühl, wenn man jemandem sein Lieblingsmusikstück vorspielt und der*diejenige total begeistert davon ist und gleich zum Rhythmus wippt? Daher versuche ich oft herauszufinden, welches Genre der Gast liebt und lasse die Musik gegebenenfalls im Salon ertönen. Sport verbindet ebenfalls: Trainingsziele, Lauf-Apps oder Ähnliches stellen gute Themen dar und ermöglichen, sich gegenseitig zu inspirieren. Dasselbe gilt für Fernsehserien und Filme oder Kochen und Ernährung. Ich gebe mir immer Mühe, gemeinsame Themen zu finden. So haben der Gast und ich im Idealfall das Gefühl, auf derselben Wellenlänge zu sein und einander sympathisch zu finden.

3. Empathie

Wenn jemand bei mir "sein Herz ausschüttet" und seinen Ärger über die Ungerechtigkeit in der Welt oder Ähnliches mitteilt, zeige ich Empathie und Verständnis. Ich versuche, ihm aus dieser Stimmung herauszuhelfen - zumindest für die Zeit, die er in meinem Salon verbringt. Bei vertrauensvollen Gesprächen ist größte Souveränität notwendig. Vor allem sollte man den Gast nie dazu nötigen, sich zu rechtfertigen.ᴺ

> [N]Ein Gast erzählt, dass er sich auf einen Job beworben hat und demnächst zum ersten persönlichen Gespräch eingeladen ist. Bei seinem nächsten Besuch frage ich natürlich nicht nach, was aus seiner Bewerbung geworden ist. Denn wenn es nicht geklappt hat, hätte er womöglich das Gefühl, sich rechtfertigen zu müssen, was uns beiden sehr unangenehm wäre.

Außerdem ist es wichtig, auf Erzählungen des Gastes einzugehen und ihn zu stärken, wobei emotionaler Abstand unbedingt gewahrt werden muss. Wenn ein Gast von Problemen berichtet, sollten Empathie und Mitleid klar getrennt bleiben [Q5], damit man sich nicht selbst dauerhaft zu sehr belastet und am Ende einen Burnout erleidet.[12]

> [12]Ein Gast, nennen wir ihn Eberhard, war 55 Jahre alt und verheiratet. Er war Investmentbanker und beruflich sehr stark eingebunden. Seine Frau war chronisch krank und deshalb in vielen Lebensbereichen von ihm abhängig. Irgendwann war er beruflich und privat so sehr überfordert, dass er einen Burnout erlitt. Seine Ärztin schrieb ihn für einige Monate krank. Leider wurde er noch in seiner Genesungsphase von seinem Arbeitgeber gekündigt. Dies riss ihn in ein tiefes Loch. Nachdem er sich langsam etwas erholt hatte, kam er das erste Mal zu mir in den Salon. Er fasste schnell Vertrauen und erzählte mir seine ganze Geschichte. Ich

> [12]merkte, dass er eine außenstehende Person brauchte, der er alles erzählen konnte. So gut ich konnte, versuchte ich auf ihn einzugehen und ihn aufzubauen. Seitdem berichtete er mir bei jedem seiner Besuche von allen möglichen Situationen. So verschieden sie waren, hatten sie alle eine Sache gemeinsam: Alle gingen schief! Er bekam zum Beispiel auf seine Bewerbungen nur Absagen, er brach sich nach einem Reitausflug das Bein, seiner Frau ging es leider immer schlechter usw... Ich gab mir große Mühe, auf ihn einzugehen, aber spürte auch, wie mich seine Geschichten belasteten und ich sogar zu Hause darüber grübelte. Da musste ich endlich eine Grenze zwischen Empathie und "Mit-Leid" (ich litt wirklich mit ihm) ziehen. Bei seinen folgenden Besuchen unterstützte ich ihn wie gewohnt, wechselte aber das Thema, wenn ich merkte, dass es anfing, mich emotional zu belasten.

Vorsicht bei zu diskreten Themen! Es gibt Themen[O], die vermieden werden sollten, da beide Seiten im Nachhinein bereuen könnten, darüber gesprochen zu haben, weil man plötzlich z. B. Scham empfindet.

> °In der Vergangenheit wurde ich mit Themen wie Fremdgehen, zwischenehelichen Problemen, sexuellen Vorlieben, Furunkeln am Po, einer Liebeserklärung an mich, Diebstahl, Alkohol- und Drogenabhängigkeit und vieles mehr konfrontiert. Auf das eine oder andere Thema ging ich anfangs ein, bemerkte dann aber, dass es in manchen Fällen ein Fehler war, da das besagte Thema bei den darauffolgenden Besuchen des Gastes im Raume stand und eine peinliche Stimmung verursachte. Seither vermeide ich diese Art von Themen.

4. Aufrichtigkeit

Aufrichtigkeit beeinflusst neben der Glaubwürdigkeit auch die Sympathie. Ich denke, man nimmt unterbewusst wahr, wenn ein Mensch nicht aufrichtig ist. Der Instinkt hindert den Menschen daran, zu jemandem Vertrauen aufzubauen oder ihn*sie sympathisch zu finden, wenn er*sie lügt. **Mein Plädoyer:** Seien Sie aufrichtig und stehen Sie zu sich selbst und Ihrer Einstellung – auch vor anderen, denn nur so kann man zufrieden und nachhaltig erfolgreich sein.

Vorspeise - Haarwäsche

Grundsätzlich ist eine Haarwäsche vor Ort zu empfehlen. Warum, werde ich im Folgenden erläutern. Spezialshampoo ist meines Erachtens nicht notwendig, wenn der Fokus nicht auf den Verkauf von Produkten gerichtet ist. Eine einmalige Anwendung eines Spezialshampoos (z. B. gegen Schuppen oder fettiges Haar) kann keinen nachhaltigen Effekt haben. In meinem Salon verwende ich neutrales, mildes und umweltfreundliches Shampoo ohne Reizstoffe. Was die Produkte betrifft, habe ich immer vorgezogen, unabhängig zu sein. Ich lasse mir gerne (vor allem) von meinen Gästen gute Produkte empfehlen. Gerne probiere ich sie aus und wenn Sie mich überzeugen, werden sie Teil meines Sortiments. Gegebenenfalls empfehle ich sie auch anderen Gästen weiter. Ich bin nicht darauf angewiesen, in einem bestimmten Zeitraum eine bestimmte Menge an Produkten zu verkaufen und muss meine Gäste nicht dazu nötigen, sich Verkaufsgespräche anzuhören. Wie ich in einigen Salons beobachtet oder von meinen Gästen gehört habe, finden es viele Kunden unangenehm, wenn gleich mit Produkten geworben wird, die man ihnen verkaufen möchte.

1. Wuchsrichtung bestimmen

Zu meiner Ausbildungszeit vor ca. 30 Jahren war es durchaus üblich, den Männern die Haare trocken zu schneiden. Damals gab es auch nur Festiger, Haarspray und Haargel für das Styling auf dem deutschen Markt. Heutzutage findet man in jedem Drogeriemarkt ganze Regale bestückt mit den unterschiedlichsten Pasten, Pomaden, Haargels, Haarsprays usw. Für jeden Geschmack und jeden Haartypen ist etwas dabei. Die Leute nutzen Stylingprodukte hauptsächlich, um ihre Haare in die gewünschte Richtung zu formen - oft auch entgegen der natürlichen Fall- bzw. Wuchsrichtung, da dies besonders viel Volumen gibt. Um die natürliche Wuchsrichtung bestimmen zu können, müssen die Haare frei von Stylingprodukten sein. Deswegen ist eine Haarwäsche vor der Analyse zu empfehlen.

2. Hygiene

Während meiner Ausbildungszeit und auch in den frühen Gesellenjahren war es unüblich, während des Bedienens Schutzhandschuhe zu tragen. Mit bloßen Händen wurde mit fettigen, schuppigen und schmutzigen Haaren gearbeitet. Nicht selten kam man mit ansteckenden Kopfhautkrankheiten wie z. B. Ekzemen, Pilzen, Mykosen oder bakteriellen Infektionen in Berührung. Das war den Friseuren damals sicher auch unangenehm und nicht selten kam es vor, dass Krankheiten durch Friseure bzw. ihr kontaminiertes Arbeitsmaterial an Kunden weitergegeben wurden. Doch das Friseurhandwerk, vom 14. - 19. Jahrhundert "Barbier" genannt [siehe Nachwort], hatte schon immer ein gespaltenes Verhältnis zur Hygiene. So dauerte es eben seine Zeit, bis sich sowohl bei der Hygiene (Hände- und Haarewaschen, regelmäßige Desinfektion der Arbeitsgeräte) als auch bei den Schutzmaßnahmen (vor Beginn der Behandlung Kopfhaut auf Auffälligkeiten überprüfen und Schutzhandschuhe tragen) etwas änderte. Dadurch ist heutzutage die Gefahr vor der Ansteckung mit Krankheiten zwischen Friseuren und Kunden sehr stark reduziert.[P]

Wenn ein Gast Auffälligkeiten an der Kopfhaut aufweist, gehe ich behutsam vor und frage ihn zunächst, ob er weiß, worum es sich handelt und ob er deswegen schon beim Hautarzt war. Es ist ratsam, ansteckende Kopfhautkrankheiten zu erkennen, bevor man sich angesteckt hat und das Arbeitsmaterial kontaminiert ist - auch wenn das Arbeitsmaterial regelmäßig desinfiziert wird.

> [P]Zu Beginn der Corona-Pandemie im Frühjahr 2020 - und wahrscheinlich das erste Mal überhaupt - legte der Gesetzgeber ein ganz besonderes Augenmerk auf die Hygienemaßnahmen bei Friseuren. Es wurde unter anderem die Verordnung erlassen, dass Haare beim Friseur zu Anfang gewaschen werden müssen (bis auf behandlungsabhängige Ausnahmen, wie Haare färben). Wissenschaftlichen Erkenntnissen zufolge wird SARS-CoV-2 über die Luft übertragen, andere Übertragungswege, z. B. über Oberflächen oder Haare (Kontaktinfektion) spielen in der Praxis keine Rolle. [Q6]

3. Körperkontakt

Ich stelle immer wieder fest, dass meine Gäste nach der Haarwäsche zufriedener und entspannter wirken als davor. Verschiedene psychologische Studien haben gezeigt, dass Berührungen einen großen Einfluss auf die Stimmung haben. Es wurde z. B. festgestellt, dass schon eine Berührung von einer Sekunde Dauer ausreicht, um Gefühle wie Dankbarkeit, Zuneigung und Ermutigung auszulösen. Durch angenehme Berührungen wird Oxytocin ausgeschüttet und gleichzeitig werden Stresshormone abgebaut. Dies hat verschiedene positive Effekte auf den Körper: Ängste werden reduziert und das Immunsystem wird angeregt. Auch Schmerzen können gelindert werden. [Q7] Ich lege sehr großen Wert darauf, dass meine Gäste ihre Haarwäsche genießen [Abb. 11] und ich ihnen somit einen kleinen "Vorgeschmack" auf die nächsten Schritte geben kann.

Was haben Kartoffelsalat und eine Haarwäsche gemeinsam?

Meine Großeltern sagten immer: „Wenn im Restaurant der Kartoffelsalat [Abb. 13] schmeckt, dann schmeckt alles!" Genauso ist es mit der Haarwäsche.

Abbildung 11: Ein Gast nach der Haarwäsche. Nun drücke ich das Haar mit dem Handtuch vorsichtig aus, bevor ich ihn zum Frisierplatz begleite.

Ein Kunde erzählte mir einmal, dass er nach der Haarwäsche bei seinem ehemaligen Friseur so verspannt war, dass er einen Physiotherapeuten aufsuchen musste.[Q]

> Mit geringem finanziellen und zeitlichen Aufwand habe ich die Aussparung des Waschbeckens für den Nacken entscheidend aufgerüstet, indem ich ein Nackenpolster angebracht habe. Ich persönlich empfand in der Vergangenheit eine Haarwäsche im Rückwärtsbecken ohne Polster immer als unerträglich und hoffte, schnell von der Tortur erlöst zu werden. Es dauerte immer ein bis zwei Tage, bis sich meine Nackenmuskulatur davon erholt hatte.

So besorgte ich also ein Polster und bisher klagte noch keiner meiner Gäste nach der Haarwäsche über Nackenverspannungen – ganz im Gegenteil: Sie wirken danach immer sehr entspannt.

Für die Haarwäsche nehme ich mir immer Zeit und shampooniere langsam und ohne Hektik, bis die Haare gut schäumen. Danach spüle ich das Shampoo sehr gründlich aus. Dabei achte ich darauf, dass ich nicht versehentlich Wasser in die Ohren spritze, da manche Gäste empfindliche Ohren haben. Wenn sich Shampoo in den Ohren befinden sollte, kann man den Gast fragen, ob man das Shampoo aus den Ohren ausspülen darf. Außerdem sollte unbedingt vermieden werden, dem Gast Wasser über das Gesicht laufen zu lassen.[13]

[13]Ein schwäbischer Gast, von Beruf Anwalt, genoss seine Haarwäsche, während ich von einem Polizeiwagen, der draußen mit Blaulicht vorbeifuhr, abgelenkt wurde [Abb. 12]. Ich starrte nach draußen und irgendwann hörte ich meinen Gast fragen: "Wa hosch vor?" Als ich zu ihm heruntersah, bemerkte ich, dass Wasser über sein Gesicht floss. Ich erschrak und versank fast im Boden vor Scham. Zum Glück war er locker drauf und nahm es mir nicht übel, sondern versuchte mich, nachdem ich ihn abgetrocknet hatte, humorvoll wieder aufzubauen. Um es wiedergutzumachen und um mein Gewissen zu beruhigen, spendierte ich ihm nach dem Haarschnitt eine Kopfmassage, die er sehr genoss. Dies war mir eine Lehre und selbst wenn eine Zirkuskarawane draußen vorbeiziehen sollte, ich werde mich nicht mehr ablenken lassen!

Abbildung 12: Während ich zum Fenster hinaus starre und der Polizei nachschaue, lasse ich versehentlich Wasser über das Gesicht meines Gastes laufen.

Nach dem Waschen werden die Haare vorsichtig mit dem Handtuch ausgedrückt (auf keinen Fall trocken gerubbelt, da sonst die Haarstruktur geschädigt werden kann), um die Nässe aufzunehmen. Wenn kein Wasser mehr herunterläuft, lege ich dem Gast das Handtuch über die Schulter und begleite ihn zum Frisierplatz. Dort werden die Haare mit einem nicht zu eng gezahnten Kamm durchgekämmt. Dabei kann man schon im Groben erkennen, in welche Richtung die Haare fallen "wollen" und wo sich Wirbel befinden. Bei längeren Haaren hält man als Rechtshänder mit der linken Hand einzelne Haarbüschel während des Kämmens am Ansatz fest, damit keine Haare herausgezogen oder dem Kunden unnötige Schmerzen bereitet werden. Ist die Haarwäsche gelungen, bestehen wie bei einem leckeren Kartoffelsalat keine Zweifel mehr am Gelingen der nächsten "Gänge".

Abbildung 13: Eine gelungene Vorspeise ist der Schlüssel zum Erfolg. Hier ein leckerer Kartoffelsalat.

Ästhetik

Ästhetik bedeutet wörtlich die Lehre von der Wahrnehmung [Q8] bzw. der sinnlichen Anschauung. Ästhetisch ist demnach alles, was unsere Sinne bewegt, wenn wir es betrachten (Schönes, Hässliches, Angenehmes und Unangenehmes). Im Allgemeinen wird der Ausdruck „ästhetisch" heute häufig als Synonym für schön, geschmackvoll oder ansprechend verwendet. Jemand, der auf schöne Dinge besonderen Wert legt, wird als Ästhet oder Feingeist bezeichnet [Q9]. Jeder Mensch hat die Fähigkeit, Schönes wahrzunehmen. Bei manchen Menschen ist diese Fähigkeit sehr stark ausgeprägt, bei anderen wiederum nicht so stark. Es gibt aber die Möglichkeit, das ästhetische Verständnis zu sensibilisieren, indem man sich z. B. mit Kunstobjekten beschäftigt oder Kunstkurse besucht.

1. Sich auf die Ästhetik fokussieren

Jedes Objekt beeinflusst bei der Betrachtung unser Gefühl. Eine stimmige Ästhetik wird als angenehm empfunden und man fühlt sich wohl. Andersherum verspürt man bei dissonanter Ästhetik Unbehagen. Dieses Prinzip betrifft alles, was mit den Sinnen wahrgenommen werden kann. So auch Frisuren. Stimmige Kunstwerke werden vom Betrachter oft als schlicht, unkompliziert und selbstverständlich empfunden, auch wenn eine hohe Komplexität dahinter steht.[R]

> [R]Ein Beispiel ist die bekannte Cello Suite No. 1 in G Major von Johann Sebastian Bach - hier gespielt von Yo-Yo Ma [Q10], welche beim oberflächlichen Hören einfach erscheint, doch in Wahrheit sehr komplex ist. Auch die meisterhafte Architektur des Parthenon auf der Akropolis in Athen besticht durch ihre vermeintliche Schlichtheit [Q11].

Ein berühmter und traditioneller Maßschneider in der Savile Row [Q20] - London sagte einmal: "Ein perfekter Anzug muss aussehen, als ob man darin geboren wurde". Das Gleiche gilt für eine perfekte Frisur!

2. Mit Verknüpfungen im Kopf arbeiten

In jungen Jahren, als ich noch unerfahren war, kam es manchmal vor, dass ich mit der Frisur, die ich kreiert hatte, nicht zu 100 Prozent zufrieden war. Ich hätte damals aber nicht konkret benennen können, was mit der Frisur nicht stimmte.

Da ich das große Bedürfnis hatte, darauf eine Antwort zu finden, analysierte ich daraufhin alle Frisuren, die ich kreierte und versuchte herauszufinden, was mir perfekt gelungen war oder was ich hätte besser machen können. Durch die aktive Auseinandersetzung mit Stil und Ästhetik reifte mein Verständnis diesbezüglich immer mehr, sodass ich bald die Antwort auf meine Frage fand. Diese war so wichtig, wie auch naheliegend: Gesicht, Kopfform, Typ und Frisur müssen sich „ergänzen". Wie das funktioniert, werde ich später beschreiben.

3. Anwenden und Erfahrung sammeln

Ich habe mich nie davor gescheut, alle Arten von Frisuren zu kreieren. Da meine Klientel sehr breit gefächert ist, wurde ich mit sehr ausgefallenen und krassen, aber auch mit seriösen oder sportlichen Frisuren konfrontiert. Der Kontrast und die Vielfalt der von mir geschaffenen Frisuren haben mir sehr dabei geholfen, meinen ästhetischen Blick in jede Richtung zu schulen. Nur durch Training und Feedback konnte ich mich immer weiterentwickeln.

4. Verfestigen

Manchmal, wenn ich eine männliche Person sehe, deren Frisur mir ein leichtes Unbehagen bereitet, weiß ich sofort, dass mit der Ästhetik etwas nicht stimmt. Was es genau ist, versuche ich dann herauszufinden. Nicht selten grüble ich nachts im Bett darüber nach, bis ich die Lösung gefunden habe.[14]

> [14]Bevor ich im Oktober 2013 meinen eigenen Friseursalon eröffnete, musste ich mein Wissen bezüglich aktueller Trends auffrischen, da ich einige Zeit nicht mehr in meinem Beruf gearbeitet hatte. Ich kaufte mir einige Fachzeitschriften und beschäftigte mich mit der aktuellen Frisurenmode. Außerdem informierte ich mich über neue Schnitttechniken. Grundsätzlich gilt: Den Haaren ist es egal, wie sie abgeschnitten werden. Am Ende zählt nur das Ergebnis. Darum halte ich an der klassischen Schneidetechnik fest, die mir vor 30 Jahren vermittelt wurde und sich für alle erdenklichen Frisuren bewährt hat. Was die Frisurenmode betrifft, fühlte ich mich 2013 teilweise in die Zwanzigerjahre zurückversetzt. Ich sah mir, wenn ich in der Stadt unterwegs war, die gestylten Männer auf der Straße und an den Ampeln an. Hin und wieder stellten sich mir dabei die Haare zu Berge, besonders beim sogenannten "Undercut", was wörtlich "Unterschnitt" heißt! Aber wo ist da was unterschnitten? Ich konnte es erst nicht erkennen!

[14]Jeder Undercut schien anders zu sein, jedoch hatten alle eine Sache gemeinsam: Sie sahen fürchterlich aus! [Abb. 14] Ich fixierte die Männer und erntete dabei hin und wieder irritierte Blicke. Das war schon etwas unangenehm, aber ich wollte das Geheimnis des Undercuts lüften. Dann, in einer Tram verstand ich den Undercut schließlich doch noch: Dem jungen Mann mit der besagten Frisur wurde offensichtlich ohne Maschinenaufsatz eine Seite bis hoch zum Scheitel rasiert, was seinen Kopf auf der Seite nach oben hin optisch spitz werden ließ. Auf der anderen Seite wurde ein unsauberer Übergang fabriziert, der am oberen Hinterkopf, da, wo sich sein Wirbel befand, abrupt endete. Die Haare um den Wirbel herum sahen aus wie der Kamm eines kranken Hahns. War das der Unterschnitt? Die längeren Deckhaare, die ohne Stylingprodukt vermutlich verloren heruntergehangen hätten, wurden mit einer ultrastarken Paste gekonnt nach hinten geklebt. **Ich fragte mich, wie ich das** hinbekommen sollte. Mein ästhetisches Gefühl protestierte gegen diese Modeerscheinung! Hatte sich das allgemeine Verständnis von Ästhetik im Laufe der Jahre doch so drastisch verändert? Ich litt an schlaflosen Nächten, weil ich mir die Logik dieser Frisur nicht erklären konnte. Was, wenn ein Kunde von mir so einen Undercut verlangte? Der eigentliche Sinn des Undercuts erschloss sich mir eines Nachts…

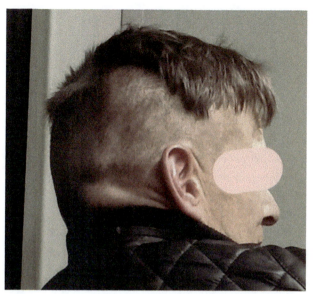

Abbildung 14: Ein grauenhafter „Undercut". Schnappschuss im öffentlichen Verkehrsmittel Frankfurt/Main.

Exkurs Undercut

Ab einer gewissen Länge der Deckhaare, wenn die Seiten jedoch sehr kurz sind, ist irgendwann kein fließender Übergang mehr möglich, da sonst eine Art Beule an der Seite entstehen würde. So wird also die Seite gegenüber des Scheitels unterschnitten. Die Umsetzung geht folgendermaßen: Man teilt die Haare mit einer sauberen Linie auf einer bestimmten, der Kopfform angemessenen Höhe und kämmt die langen Deckhaare zunächst auf die entgegengesetzte Seite - da, wo sich der eigentliche Scheitel befindet. Dann kürzt man die Haare bis zu der Linie mit einem individuellen Übergang. Der Übergang verhindert, dass die Deckhaare später ohne Halt herunterhängen. Auf der Scheitelseite kann man die Haare in Abhängigkeit von der Kopfform und somit der Scheitelhöhe entweder mit oder ohne Übergang kürzen. Am Ende müssen die Seiten jedoch optisch symmetrisch sein. Bevor man von beiden Seiten ausgehend Richtung Hinterkopf kürzt, sollte man sich anhand der Form des Hinterkopfs überlegen, wo der Übergang nach oben hin sein soll und auf welcher Höhe man die Seiten hinein "fließen" lässt. Hier kann man seinen kreativen und hoffentlich ästhetischen Fähigkeiten freien Lauf lassen. Die Hauptsache ist, dass das Werk am Ende stimmig ist, oder wie ich immer sage: "Wie aus einem Guss"! [Abb. 15]

Abbildung 15: Zwei Beispiele von gelungenen und in sich stimmigen Undercut-Frisuren. Oben die Variante mit lockigem, unten mit glattem Haar.

> [14]Am ersten Tag meiner Eröffnung kam der große Moment: Ein Gast wünschte einen Undercut! Ich erinnerte mich an die Kreationen meiner schlaflosen Nächte und mir blieb nichts anderes übrig, als diese umzusetzen und auf ein zufriedenstellendes Ergebnis zu hoffen. Der Kunde hatte einen runden Kopf. Daher hielt ich die Seiten schmal. Ich zog den Scheitel entsprechend seiner Kopfform auf einer bestimmten Höhe und kürzte auf dieser Seite die Haare mit einem minimalen Übergang auf vier Millimetern. Die Deckhaare sollten ca. zehn Zentimeter Länge behalten. Auf der anderen Seite verfuhr ich wie zuvor beschrieben, wobei die größte Schwierigkeit darin bestand, die Seiten so nach hinten „einfließen" zu lassen, dass dabei ein schön geformter Hinterkopf entstand. Ich brauchte zeitlich etwas länger als geplant, aber das Ergebnis ließ sich sehen. Es war ästhetisch gelungen und in sich stimmig! „Mein erster Undercut" verließ mit einem zufriedenen Lächeln meinen Salon und wurde später zu einem meiner liebsten Stammgäste.

Wenn man die Technik beherrscht, die Ästhetik beachtet und analytisch vorgeht, kann nicht mehr viel passieren. Um die Frisur individuell auf den Gast abzustimmen, ist ein weiterer wichtiger Schritt notwendig, auf den ich im Folgenden eingehen werde.

Analyse

Nach der Haarwäsche, bevor ich anfange zu schneiden, analysiere ich folgende Parameter und erläutere sie dem Gast:

1. Haarwirbel

Jeder Mensch hat mindestens einen Wirbel am oberen Hinterkopf. Ist er links positioniert, verläuft die Drehrichtung üblicherweise im Uhrzeigersinn. Ist er rechts platziert, ist die Drehrichtung andersherum. Es kommt auch vor, dass sich Haarwirbel entgegengesetzt wie üblich drehen. Das ist aber nicht die Regel. Manche Leute haben auch zwei Haarwirbel am Hinterkopf, die meist eine gegenläufige Drehrichtung aufweisen. Außer den Haarwirbeln am Hinterkopf kann ein Mensch noch mehr Wirbel an jeder beliebigen Stelle des Kopfhaarbereichs haben, deren Drehrichtung keiner bestimmten Regel folgt. Viele Friseure haben vor Haarwirbeln großen Respekt, da es keine Generalformel gibt, die angewendet werden könnte. Da die Haare am Wirbel oft abstehen, versuchen Friseure dieses Problem zu beheben, indem sie die Haare dort länger belassen. Andere wiederum schwören darauf, sie kürzer zu schneiden. Beides kann funktionieren, wenn man dabei die Frisur miteinbezieht. Ich empfehle meinen Gästen immer Frisuren, die den Wirbel in sich "aufnehmen". Dazu muss man sich im Vorfeld Gedanken machen, welche Frisur für welchen Wirbeltypen infrage kommt. Ist die Umsetzung am Schluss gelungen, fällt die Frisur perfekt. Nichts steht ab - und das sogar ohne

Stylingprodukte [Abb. 16]. Des Weiteren hat es den Vorteil, dass der Kunde auch zu Hause mit der Frisur zurechtkommt.

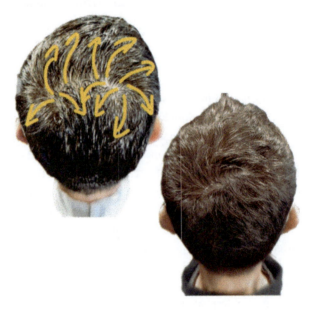

Abbildung 16: Auf dem linken Foto sind zwei nebeneinanderliegende Haarwirbel am oberen Hinterkopf im frisch gewaschenen Zustand zu sehen. Sie sind nicht wie in den meisten Fällen gegenläufig, sondern überwiegend gleichläufig. Beide Wirbel haben eine Rechtsdrehung, wobei beide im unteren linken Bereich eine Linksdrehung aufweisen. Auf dem rechten Foto sieht man die fertige Frisur. Beide Wirbel sind in die Frisur integriert und das Gesamtbild ist natürlich und harmonisch.

2. Haarwuchsrichtung

Die Haarwuchsrichtung bzw. der Strich ist die natürliche Anordnung der Haare. Je nach Anordnung des Haarfollikels, aus dem das Haar herauswächst, ist die Richtung gegeben. Das Haar ist über den Follikel mit den darunter liegenden Nerven verbunden. Daher wird ein Kämmen oder Stylen gegen den Strich oft als unangenehm bis schmerzend empfunden. Wo Wirbel auftreten, wachsen die Haare kreisförmig. Je näher am "Zentrum" des Wirbels, desto enger ist die Drehung und andersherum. Befindet sich ein rechtsdrehender Wirbel auf der linken Seite, bietet sich ein Linksscheitel an, da die Haare in diesem Fall, ausgehend vom Wirbel, im rechten Bogen über den Kopf wachsen. Optimal ist es, wenn man den Scheitel in den Wirbel münden lassen kann. Entsprechend entgegengesetzt verhält es sich mit einem linksdrehenden Wirbel auf der rechten Seite. Anspruchsvoll wird es z. B. dann, wenn ein Wirbel am Hinterkopf eine bestimmte Wuchsrichtung am Oberkopf vorgibt, zugleich aber eine andere Wuchsrichtung vom Stirnbereich ausgeht oder aufgrund eines Wirbels im vorderen Bereich, zwei entgegengesetzte Wuchsrichtungen aufeinandertreffen. Dies kann eine "schlangenförmig" verlaufende Wuchsrichtung am Oberkopf verursachen [Abb. 17]. Aus Erfahrung kann ich aber versichern, dass es für jeden Wirbeltypen und für jede Wuchsrichtung eine optimale Frisur mit moderatem Stylingaufwand gibt [Abb. 18].

Abbildung 17: Auf den beiden Fotos ist eine typische Wuchsrichtung in S-Form am Oberkopf zu sehen. Die Ursache hierfür ist ein rechtsdrehender Wirbel am Hinterkopf und eine entgegengesetzte Wuchsrichtung am Vorderkopf. Die Haare sind auf beiden Fotos im nassen, noch ungeschnittenen Zustand.

Abbildung 18: Auf den beiden Fotos sieht man denselben Kopf wie oben. Hier sind jedoch die Haare frisch geschnitten und gestylt.

3. Haardichte / Haarstärke

Die Haardichte ist nicht mit der Haarstärke zu verwechseln! Die Haardichte beschreibt die Anzahl der Haare pro Fläche, wohingegen die Haarstärke den Durchmesser des Haars beschreibt.

Die Menschen haben sehr unterschiedliche Haarstärken. Aus Erfahrung kann ich sagen, dass dunkleres oder auch rotes europäisches sowie asiatisches oder afrikanisches Haar in der Regel dicker ist als helles europäisches Haar. Außerdem habe ich festgestellt, dass bei Erstgenannten die Verteilung pro Fläche im Vergleich geringer ist. Bei Rothaarigen liegt die Dichte der Verteilung pro Fläche im Vergleich zu anderem europäischem Haar bei ca. 90 Prozent [Q18]. Bei asiatischem oder afrikanischem Haar sind es ca. 70 Prozent [Q19].

Ich hatte jedoch auch Gäste mit sehr dicken, dichten und hellen oder andere mit sehr feinen dunklen Haaren, bei denen die bei der Vererbung weitergegebenen und normalerweise rezessiven Eigenschaften dominierten.

Exkurs Androgener Haarausfall

> Die Haardichte ist ein leidiges Thema vieler meiner Gäste. Ab Mitte 20 nimmt mit fortschreitendem Alter die Haardichte ab – beim einen mehr, beim anderen weniger. Der androgene Haarausfall ist die häufigste Ursache für Haarausfall beim Mann. Er wird seitens der Mutter genetisch vererbt. Das heißt, wenn der Opa mütterlicherseits eine "Platte", aber der Opa väterlicherseits dichtes und volles Haar haben, wird der liebe Enkel mit hoher Wahrscheinlichkeit ebenfalls eine Platte bekommen. Aber auch hier gibt es Ausnahmen. Typischerweise beginnt der Haarausfall an den Geheimratsecken. Wie schnell sich die Geheimratsecken ausweiten, ist individuell. Der Prozess kann entweder in einem kurzen Zeitraum fortschreiten oder über Jahre hinweg stagnieren. Schreitet der Haarausfall weiter voran, werden die Haare am hinteren Oberkopf kreisförmig lichter. Danach wird der Radius des Kreises immer größer, bis irgendwann die Geheimratsecken "einfließen". Das ist dann die berühmte "Platte".

4. Haarfarbe

Da das Haarefärben aktuell nicht zu meinem Leistungsspektrum zählt, ist die konkrete Bestimmung der Haarfarbe meiner Gäste irrelevant. Für die Wahl der richtigen Haarlänge, vor allem an den Seiten oder am unteren Hinterkopf, spielt die Pigmentintensität allerdings eine Rolle.[R] Bei hellen Haaren scheint bei gleicher Länge eher die Kopfhaut durch als bei dunklen. Daher sollte man helle Haare nicht zu kurz schneiden, wenn dieser Effekt nicht explizit gewünscht wird.

> [R]Wenn mir also ein blonder Gast ein Frisurenbild zeigt, worauf die Länge an den Seiten des dunkelhaarigen Modells z. B. 6 Millimeter beträgt, entspricht dies bei ihm, um den ähnlichen optischen Effekt zu erreichen, einer Länge von ca. 9-12 Millimetern.

Exkurs Haare färben bei Asiaten

> Der allgemeinen Vermutung, dass alle Asiaten schwarzes Haar hätten, muss ich widersprechen. Traditionell färben Asiaten ihre Haare schwarz, sobald ein graues Haar entdeckt wird (dies vertrauten mir ein paar meiner asiatischen Gäste an). Daher haben asiatische Menschen ab ca. Mitte 30 meist schwarzes Haar. Ich hatte jedoch oft das Vergnügen, auch junge Asiaten in meinem Salon begrüßen zu dürfen.

> Besonders erstaunt war ich, wenn ich vereinzelt kupferfarbene Haare entdeckte. In der Regel waren die Haare insgesamt eher mittel- bis dunkelbraun.

5. Gesichts- und Kopfform

Je nach Gesichts- und Kopfform sollte ein Friseur nach ästhetischen Kriterien mit der Frisur einen gewissen Ausgleich schaffen.[S]

> [S]Bei runden Gesichtern bieten sich eher Frisuren an, die das Gesicht markanter wirken lassen. Bei sehr kantigen Gesichtern kann man es mit einer locker ins Gesicht fallenden Frisur versuchen. Dann gibt es noch den sogenannten "Bananenkopf". Dieser ist - wie die Assoziation schon verrät - länglich. Einem Menschen mit einem Bananenkopf würde ich keinen Bürstenschnitt oder eine voluminöse Dauerwelle am Oberkopf empfehlen. Hier würde ich eher darauf achten, dem Gast die Haare so zu schneiden, dass er Volumen an den Seiten hat. Es gibt jedoch keine pauschale Regel für den Ausgleich, da auch andere Faktoren wie Haarstruktur (Locken, glattes, feines oder dickes Haar), Wuchsrichtung, Haardichte, sowie der Geschmack des Gastes eine Rolle spielen.

7. Ohrenform

Je nachdem, wie ein Gast zu seinen Ohren bzw. dem Winkel seiner Ohren zum Kopf steht, kann die Frisur darauf abgestimmt werden.[T]

> [T]Bei abstehenden Ohren und einem eher länglichen Kopf, sollte man die Haare direkt über den Ohren nicht zu kurz schneiden. Mit mehr Haarfülle direkt über den Ohren scheint das Abstehen nicht mehr so ausgeprägt, wie man auf dem Bild [Abb. 19] sehr gut erkennen kann.

Abbildung 19: Auf der Abbildung sieht man einen Jungen mit großen und abstehenden Ohren. Auf der rechten Seite vom Betrachter aus gesehen, sind die Haare über dem Ohr sehr kurz gehalten, sodass die Größe und der Winkel des Ohrs besonders zur Geltung kommen. Auf der anderen Seite fallen die Haare leicht über das Ohr, was die beiden Merkmale sehr gut kaschiert.

Beratung

a) Neukunden

Nach der ausführlichen Analyse folgt das Beratungsgespräch. Zunächst frage ich den Gast, ob er morgens gerne etwas Zeit in das Styling investieren möchte, oder ob er eher der pragmatische Typ ist. So hat es z. B. keinen Sinn, einem Gast, der zwei linke Hände hat, eine Frisur vorzuschlagen, die er jeden Tag aufwendig föhnen müsste. Danach kläre ich ab, wie mein Gast privat und beruflich unterwegs ist. Macht er jeden Tag Sport und duscht morgens und abends, würde ich ihm keine Langhaarfrisur empfehlen. Ist er beruflich eher leger unterwegs, wäre eine Bankerfrisur unpassend. Hat er oft Kundenkontakt oder ist er in einer Führungsposition, sollte die Frisur Seriosität und Kompetenz ausstrahlen. Grundsätzlich ist es wichtig, dass die Frisur authentisch ist und zur Tätigkeit passt. Selten wird man einen Investmentbanker mit einem Hippiehaarschnitt sehen. Andererseits fände man einen Fußballer mit einer Bankerfrisur merkwürdig. In manchen Fällen kann ein kleiner Kontrast aber auch sehr positive Effekte haben. So kann beispielsweise ein dezenter und gelungener "Eyecatcher"[U] souverän und kompetent, aber gleichzeitig interessant und "cool" wirken.[V]

Ein junger Uni-Absolvent, der gerade seinen ersten Job bei einer Bank angetreten hat, kommt in seinem neuen Business-Look in den Salon. Sein Anzug ist seriös, aber langweilig und widerspricht dem sportlichen und verschmitzten Typen, der darin steckt. Er möchte gerne einen frischen Haarschnitt, sagt aber, dass er keine Vorstellung davon hat, wie es am Ende konkret aussehen soll. "Es soll halt seriös aussehen". Nun könnte ich ihm einfach einen typischen Bankerhaarschnitt "von der Stange" verpassen. Er wäre damit zufrieden, würde nicht auffallen (weder positiv noch negativ) und ich müsste mir nicht viele Gedanken zu seinem Style machen. Aber ist das mein Anspruch? Hierzu ein klares Nein! Ich frage ihn, ob er gerne eine coole Frisur, die bei ihm super aussieht und trotzdem seriös ist haben möchte, oder ob es eher etwas dezent und unauffällig sein soll. Für die Antwort gibt er sich offensichtlich einen kleinen Ruck und meint dann: "Es soll schon cool aussehen." Wusste ich's doch! Ich schlage ihm einen sportlichen Haarschnitt mit einem sehr dezent einrasierten Scheitel und - passend für seinen sportlichen Typ - sehr kurzen Seiten vor. Während ich ihm die Frisur erläutere, sehe ich ihn schon mit der fertigen Frisur vor meinem inneren Auge und bin ganz begeistert. Er nimmt das offensichtlich wahr, lässt sich von meiner Begeisterung anstecken und meint, dass er mir vollkommen vertraut. Als die Frisur schließlich fertig ist und er sich im Spiegel betrachtet, hat sich seine ᵁgesamte Ausstrahlung verändert. Er hat leuchtende Augen und wirkt insgesamt fröhlicher und selbstsicherer. Auch seine Verschmitztheit ist nun auf angenehme Weise etwas merklicher. Ich denke, mit dem neuen Auftreten wird es für ihn einfacher sein, das Augenmerk seiner Kollegen und Vorgesetzten auf seine Fähigkeiten zu lenken.

ⱽEin Fußballtrainer kommt das erste Mal in mein Geschäft und möchte einen neuen Haarschnitt. Er lässt mir komplett freie Hand und gibt mir keinen einzigen Hinweis, in welche Richtung es gehen soll. Ich könnte mich an seinem alten Haarschnitt orientieren, was für mich mit weniger Aufwand verbunden wäre. Das möchte ich aber nicht, da der alte Haarschnitt meiner Ansicht nach nichts Besonderes ist. Ich beginne zu überlegen: Er ist sportlich, möchte aber seriös auftreten, die Frisur soll seine Autorität, aber auch seine freundliche Art unterstreichen. Die Frisur soll Sicherheit und Sieg suggerieren und er möchte sich optisch vom Team abheben. Ich kann ihm also keine typische "Fußballerfrisur" machen. Wie ein Berater oder Banker soll er aber auch nicht aussehen. Wegen seiner etwas konservativen Ausstrahlung wäre ein gewisser Ausgleich empfehlenswert. So wie man runde Köpfe mit einer entsprechenden Frisur kantiger aussehen lässt, so lasse ich ihn lockerer aussehen – und unterstreiche trotzdem seine Autorität. Idealerweise schaffe ich es, die Frisur

> so zu kreieren, dass alle wichtigen Faktoren im richtigen Verhältnis zur Geltung kommen. Da er keine Beratung wünscht, skizziere ich mein Vorhaben im Kopf und beginne mit der Umsetzung. Wir plaudern nebenher über dies und das und ab und zu erläutere ich ihm, was ich und warum ich es so mache. Er signalisiert mir, dass er mit allem einverstanden sei, doch ich bin mir sicher, dass er insgeheim sehr kritisch ist. Mir ist klar, dass er nicht wiederkommen wird, wenn er sich mit der Frisur am Ende nicht wohlfühlt. Nach dem Schneiden und der von ihm gewünschten Kopfmassage beginne ich mit dem Föhnen und Stylen. Währenddessen erkläre ich ihm, wie er das zu Hause auch hinbekommt. Bis hierhin sagt mir mein Gefühl, dass er sehr zufrieden ist. Dann endlich kommt der große Moment: Ich zeige ihm seine neue Frisur mit dem Handspiegel - sodass er die Seiten und den Hinterkopf betrachten kann. Als er daraufhin nickt und zufrieden lächelt, weiß ich, dass ich alles richtig gemacht und einen weiteren Promi als Stammgast gewonnen habe.

Einige meiner Neukunden haben schon seit Jahren immer den gleichen Haarschnitt und sind offenbar noch nie auf die Idee gekommen, einmal etwas anderes auszuprobieren. Vielleicht war ihr ehemaliger Friseur auch nicht sehr experimentierfreudig. Ich sehe den Wechsel zu mir als Chance, ihren Stil mit ihnen gemeinsam weiterzuentwickeln, wozu ich sie auch ermuntere.[14]

An einen Gast, der auf einen Vorschlag auf Veränderung etwas zögerlich reagierte, kann ich mich noch sehr gut erinnern.

> [14]Ein treuer Stammgast empfahl mich seinem Bruder, der aufgrund eines Jobwechsels zu einem großen Beratungsunternehmen kürzlich nach Frankfurt gezogen war. Schon als er zur Tür hereinkam, stellte ich fest, dass seine Scheitelfrisur überhaupt nicht zu seinem Typ passte. Als er auf dem Frisierplatz saß, analysierte ich wie gewohnt zunächst alle üblichen Parameter und schlug ihm danach eine perfekt passende Frisur vor. Sie sollte etwas sportlicher und ohne Scheitel sein. Er hörte interessiert zu, wollte aber vorerst bei seiner Scheitelfrisur bleiben. Da man niemanden zu seinem Glück zwingen kann, respektierte ich seinen Wunsch und bot ihm an, dass er mir Bescheid geben soll, wenn er bereit ist, Neues auszuprobieren. Dann machte ich das Beste aus seiner gewohnten Frisur. Nach zwei weiteren Sessions gab er mir dann schließlich freie Hand. Er war jetzt bereit und wollte die von mir empfohlene Frisur ausprobieren. Ich freute mich, dass er mir jetzt vertraute und machte mich fröhlich ans Werk. Die unteren Seiten kürzte ich auf ca. vier Millimeter und stellte einen fließenden Übergang zu den Deckhaaren her, welche ich auf ca. fünf Zentimeter in der Länge von vorne in Richtung zum hinteren Oberkopf leicht abfallend kürzte. So konnte man die Haare später locker nach vorne stylen und vereinzelt hoch zupfen,

[14]was der Frisur einen sportlichen, aber auch seriösen Charakter geben sollte. Zudem war sie authentisch. Als er zu Ende gestylt seine Frisur von allen Seiten im Spiegel betrachtete, war mein neuer Stammgast mehr als begeistert. Ich konnte es mir nicht verkneifen und meinte: "Na, das ist doch mal was ganz anderes! Du musst zugeben, dass die Scheitelfrisur einfach unpassend war, oder?" Er antwortete amüsiert: "Aha, jetzt rückst du raus mit der Wahrheit. Du fandest die Frisur, die du mir bislang gemacht hast, unpassend!" Ich dachte nur: „Immer diese Wortverdreher..." Dann fragte ich: "Du bist doch Berater. Erkläre mir doch mal, was ein Berater hauptsächlich macht." Er meinte: "Na, komplizierte Sachverhalte dem Kunden einfach darzustellen." Darauf antwortete ich: „Da fehlt aber noch ein wichtiger Aspekt!" Er schaute mich etwas irritiert an und runzelte die Stirn..."Dein Job ist es doch auch, dem Kunden ein gutes Gefühl zu geben, oder?" Er darauf: "Hm, ja..." Ich sagte: "Siehst du, genau so habe ich es auch gemacht. Du hattest doch jedes Mal ein gutes Gefühl, wenn du meinen Salon verlassen hast, stimmts?" Er erwiderte leicht widerwillig: "Naja, okay. Stimmt." Damit war die Diskussion beendet und ich froh, dass mir dieser Vergleich in diesem Moment eingefallen war und ich mich so aus der Zwickmühle befreien konnte.

b) Stammgäste

Auch Stammgäste bekommen ein Beratungsgespräch. Nach der Haarwäsche lasse ich den Gast auf dem Friseurstuhl Platz nehmen und kläre folgende Punkte ab: (hierbei ist ebenfalls aufmerksames Zuhören sehr ratsam.)
Kam er einwandfrei mit der Frisur klar oder braucht er evtl. noch mehr Styling-Tipps?
Hat er sich mit der Frisur wohlgefühlt[15] und wie war das Feedback aus dem Freundes- und Verwandtenkreis?
Möchte er bei dieser Frisur bleiben oder einmal was anderes ausprobieren?

---

[15]Sebastian wollte seine langen Haare wieder loswerden, die er sich über einen längeren Zeitraum mühsam hatte wachsen lassen. Ich hatte ihn währenddessen begleitete und gestaltete den Übergang von kurz zu lang so angenehm wie möglich, sodass die Frisur immer in Form blieb und er keine Probleme mit dem Styling hatte. Schon in seiner Jugend hatte er sich gewünscht, einen Zopf zu tragen, was aber nie gelang. Der Grund dafür, warum er sie jetzt wieder kurz haben wollte, waren Bettler, die ihn ständig um Geld baten. Er vermutete, dass sie ihn aufgrund seiner langen Haare für einen sozialen Wohltäter hielten. Das passte ihm gar nicht und so saß er wieder auf dem Frisierstuhl. Ich möchte noch erwähnen, dass er ein extremer Control Freak war. Am Tag seines Termins also betrat er den Salon wie immer, nur hatte er dieses Mal eine Laptoptasche unter den Arm geklemmt,

[15]was mir etwas seltsam vorkam. Wollte er etwa während unserer Session arbeiten? Er nahm Platz und packte seinen Laptop aus, klappte ihn auf und loggte sich ein. Zu sehen war kurz darauf eine detaillierte und liebevoll kreierte Mindmap. Ein Strichmännchen (Sebastian) befand sich im Zentrum, umgeben von zahlreichen Blasen, gefüllt mit Begriffen, die er mir nebenbei erläuterte: Haarwuchsrichtung, Haarstärke, Haardichte, Haarfarbe, Kopf-/ Gesichtsform, Kleidungsstil, Beruf, Hobbys. Nach seiner Erläuterung sah er mich fragend an. Ich war sehr beeindruckt. Mit dieser Mindmap hatte er sein Potenzial bewiesen, selbst ein guter Friseur werden zu können. Jedoch seine Intention dazu ergab sich eher aus Angst und Kontrollverlust. Irgendwie tat er mir leid, weil er so in seinem Kontrollzwang gefangen war und doch nahm ich das ernst. Ich lobte seine Arbeit und erklärte ihm, dass ich seine aufgeführten Punkte natürlich berücksichtigen würde. Wie immer dürfe er sich aber jetzt zurücklehnen und sich auf seinen neuen Style freuen. Wie entschieden uns für eine mittlere Haarlänge, die zu seinem Typ passte. Und wer weiß, vielleicht wollte er sie ja doch irgendwann wieder wachsen lassen…

> [15]Die Methode, Gäste in den Prozess einzubinden, ist besonders vorteilhaft, da sie dann nicht das Gefühl haben, dass **etwas** (im wahrsten Sinne des Wortes) "über ihren Kopf hinweg" geschieht. Je weiter wir voranschritten, desto entspannter und gleichzeitig redseliger wurde Sebastian. Offensichtlich war er nun entspannt, was ein sehr gutes Zeichen war. Nach einer Stunde waren wir fertig. Er bewunderte das Ergebnis im Spiegel und machte wie immer einen sehr zufriedenen Eindruck.

Nur durch aufmerksames Zuhören kann man Verbesserungspotenzial entdecken und die Frisur
weiterentwickeln. Jede*r Friseur*in sollte dankbar für (konstruktive) Kritik sein. Wieder sei ein erfahrener und traditioneller Schneider aus der Savile Row [Q20] zitiert: "Ein guter Schneider braucht kritische Kunden!" Nicht immer gelingt die Frisur gleich beim ersten Mal perfekt. Je besser ich aber meine Gäste kennenlerne, desto mehr Möglichkeiten eröffnen sich, um die Frisur jedes Mal noch besser machen zu können. So wie wir uns alle weiterentwickeln, so sollte sich auch unsere Frisur weiterentwickeln und immer wieder neu angepasst
werden. Wenn z. B. zu einem zwanzigjährigen Gast eine sportliche Frisur und sein Skater-Outfit perfekt passen, muss das nicht unbedingt mit dreißig noch genauso sein.

Preisgestaltung

1. Preiserhöhung wegen zu hoher Nachfrage

Nach einem knappen Jahr war mein Kalender mit Kundenterminen so ausgelastet, dass ich 60-70 Std. pro Woche für meine Kunden, die betriebliche Planung, die Organisation und das Marketing aufwendete.

Die Nachfrage war mittlerweile deutlich größer als meine verfügbare Kapazität. Viele potenzielle Kunden musste ich am Telefon abweisen, was auf beiden Seiten für Frust sorgte, denn die Kunden mussten sich nach alternativen Lösungen umsehen und mein Salon stagnierte. Um das Problem zu lösen, musste ich entweder eine*n Mitarbeiter*in einstellen oder mich der allgemeinen marktwirtschaftlichen Strategie bedienen: „Der Markt beziehungsweise die Nachfrage bestimmt den Preis." Ich entschied mich für Letzteres. Um in meinem Salon ein Gleichgewicht bezüglich Kapazität und Nachfrage herzustellen, erhöhte ich die Preise. Zehn Prozent pro Jahr (bei üblicher Inflation) waren legitim und ich würde deswegen keine Kunden verlieren. Es ist immer schwierig, bestehende Kunden von einer Preiserhöhung von mehr als zehn Prozent zu überzeugen, wenn sich die Leistung nicht verändert. Neukunden hingegen akzeptieren bestehende Preise von Anfang an und machen sich keine Gedanken darüber, ob sie kürzlich, vor ihrem ersten Besuch, erhöht wurden. Meine Idee war also, Stammkunden mit einer Preiserhöhung von zehn Prozent zu halten und Neukunden mit einer Preiserhöhung von zwanzig

Prozent zu gewinnen. Da in Frankfurt a. M. eine hohe Fluktuation herrscht, würden sowieso sukzessive Stammkunden verschwinden und Neukunden hinzukommen. So hätte ich meiner Berechnung nach eine Preiserhöhung von ca. 15 Prozent durchgesetzt.
Wie sollte das aber in der Praxis funktionieren?[16] Ich konnte ja nicht zwei verschiede Preislisten – jeweils eine für Stammkunden und eine für Neukunden - anfertigen. Das könnte als diskriminierend ausgelegt werden.

> [16]Zunächst erhöhte ich die Preise um zehn Prozent und führte nach ca. einem Monat die „Goldene HitchCut-Clubcard" mit goldenem Schriftzug ein! Meinen langjährigen Stammkunden überreichte ich diese feierlich und erklärte ihnen, dass sie durch ihre langfristige Treue den Treukundenstatus erreicht hätten, was mit der „Goldenen HitchCut-Clubcard" nun honoriert würde. Der Vorteil dieser Card sei unter anderem, dass sie nach der aktuellen Preiserhöhung von zehn Prozent, ein Jahr lang von weiteren Preiserhöhungen verschont bleiben würden. Meine Stammgäste waren begeistert und so konnte ich eine neue Preisliste anfertigen und weitere zehn Prozent erhöhen. Das Tolle war, dass Keiner meiner neuen Gäste die aktuellen Preise anzweifelte und mein Salon sich so weiterentwickelte.

Mein Fazit nach ein paar Wochen: Meine Kapazität war noch immer stark überlastet und ich hätte die Preise noch mehr anheben müssen, um ein Gleichgewicht herzustellen.

2. Aufschlag zu begehrten Uhrzeiten

Wenn die besten Termine immer vergeben sind, kann das auch für Missmut sorgen. Vor allem in der heutigen Zeit, im Hinblick auf Rezensionen ist das gefährlich[17].

> [17]In meinem Salon in Frankfurt a. M. waren die Abendtermine immer besonders begehrt. Ab 18 Uhr war ich Monate im Voraus ausgebucht. Viele „Spezialisten" unter meinen Gästen sicherten sich am Ende ihres Termins zwei bis drei Folgetermine ab 18 Uhr. Man kann sich vorstellen, dass es nicht einfach für mich war, neue Kunden mit langen Öffnungszeiten zu locken, wenn es zu später Stunde keine Termine mehr gab. So führte ich den „Abendzuschlag" ab 18 Uhr in der Höhe von fünf Euro ein. Sie dürfen raten, was meine Spezialisten machten: Sie konnten plötzlich schon um 17 Uhr kommen. Ab diesem Zeitpunkt waren also vor allem die 17-Uhr-Termine für Monate im Voraus ausgebucht. Ich korrigierte und führte den Abendzuschlag ab 17 Uhr ein. Es gab ein paar mürrische Gesichter, aber nun verteilten sich die Termine wieder gleichmäßig über den gesamten Tag.

Fazit: Es hat funktioniert. Man muss auch einmal hart sein, dann profitieren am Ende alle Beteiligten davon.

Verabschiedung

So wie bei der Begrüßung der erste Eindruck sehr wichtig ist, so zählt bei der Verabschiedung der letzte Eindruck. Während der Gast den Laden verlässt, weiß er schon, ob er wiederkommen möchte oder nicht. Wenn man es geschickt anstellt, kann man beeinflussen, in welche Richtung der Gast sich entscheidet. Hat er beim Hinausgehen ein gutes Gefühl, kommt er mit hoher Wahrscheinlichkeit wieder. Das gute Gefühl kann erzeugt werden, indem man qualitativ gute Arbeit geleistet hat, wenn man auf den Gast sympathisch, kompetent und souverän gewirkt hat und wenn er beim Hinausgehen etwas in der Hand hält, worauf er sich freut – z. B. eine Süßigkeit.

Ich verabschiede meine Gäste in der Regel wie folgt:

Wenn der Gast fertig gestylt ist, zeige ich ihm mit dem Handspiegel die Frisur von allen Seiten oder gebe ihm diesen einfach in die Hand. Hierbei lasse ich ihm genügend Zeit, seine neue Frisur aufmerksam zu betrachten.

Abbildung 20: Ein Gast betrachtet seine frisch gestylte Frisur mithilfe des Handspiegels von allen Seiten. Offenbar genießt er diesen Moment.

Oft gebe ich währenddessen noch vereinzelte Styling Tipps, da ich ganz sichergehen möchte, dass mein Gast auch zu Hause mit seiner Frisur zurechtkommt. Danach steht er für gewöhnlich auf und klopft sich die Haare von der Kleidung ab. Ich stehe dann schon mit der Fusselrolle bereit und befreie seine Kleidung von den restlichen Haaren. Für gewöhnlich steuert er danach in Richtung Garderobe, um seine Jacke zu holen. In der Zeit stelle ich mich neben die Kasse und warte auf ihn. Ich nenne ihm den Preis und weise zusätzlich auf die Position der Leistung auf der Preisliste hin, die neben der Kasse liegt. Die meisten meiner Gäste runden den Betrag großzügig auf. Oft vereinbaren sie auch direkt einen Folgetermin, was ich grundsätzlich empfehle, denn kurzfristig funktioniert eine Terminvergabe leider nur selten. Gleich neben der Kasse auf dem Tresen habe ich ein riesiges Bonbonglas stehen, gefüllt mit vielen bunten Bonbons und Fruchtgummis. Ich frage den Gast, was er gerne davon hätte und reiche es ihm dann mit einer hygienischen Bonbon-Zange. Für meine VIP- Gäste habe ich in der Schublade die besten Mozartkugeln versteckt. Sie wissen das auch schon und schauen mich, nachdem sie gezahlt haben, fragend an. Aber egal, ob Fruchtgummi oder Mozartkugel, in beiden Fällen verlassen sie dann kurz darauf mit ihrer "Beute" in der Hand glücklich und topgestylt den Salon. Nicht selten, nachdem der Gast gegangen ist und die Luft rein ist, stecke ich mir zur Belohnung selbst eine Mozartkugel in den Mund und hoffe, dass nicht ausgerechnet jetzt das Telefon klingelt oder der nächste Gast den Laden betritt…

*Abbildung 21: **Erwischt mit einer Mozartkugel im Mund.***

Nachwort

Im Mittelalter und in der beginnenden Neuzeit arbeitete der Barbier in sogenannten Badestuben. Neben dem Bader übte er verschiedene Tätigkeiten im Bereich der Körperpflege, aber hauptsächlich Bartscheren und Haareschneiden aus. Auch Badeknechte, Wundärzte und Krankenpfleger wurden als Barbiere oder Balbierer bezeichnet. Die Barbiere, die sich Fachwissen angeeignet hatten, behandelten auch Wunden, Knochenbrüche, zogen Zähne, machten Aderlass, schröpften und stellten Salben her [Q15]. Zusätzlich zu den eigentlichen Leistungen holten sich die Gäste beim Barbier im Hinblick auf private Angelegenheiten Rat ein. Kurzum: Der Barbier war eine, heute würde man sagen, "systemrelevante" Persönlichkeit. In der Neuzeit verließen die Barbiere die Badehäuser und arbeiteten in eigenen Salons. Mit der Erfindung des Rasierhobels [Q22] konnten Männer sich nun selbst zu Hause rasieren. Die Barbiere fokussierten sich daher hauptsächlich auf die Perückenmacherei und spezialisierten sich später auch auf kunstvolle Damenfrisuren. In den 1960er-Jahren entstanden immer mehr gemischte Friseursalons mit Damen- und Herrenkundschaft, was sich bis heute als Geschäftsmodell durchgesetzt hat.
Seit den 2010er-Jahren erlebte das Berufsbild des Barbiers plötzlich einen Boom. Es schossen unzählige Barbershops wie Pilze aus dem Boden, was auf neue Frisurentrends, aber vor allem auf die Toleranz von Bärten, auch in konservativen Branchen wie die der Finanzbranche, Beratung etc. zurückzuführen ist.

Vor allem in der Pandemie haben die Friseure und Barbiere bewiesen, dass sie auch unter sehr harten Bedingungen ihr Bestes geben und bemüht sind, die Qualität der Leistungen, die sie anbieten, auf höchstem Niveau zu erschwinglichen Preisen umzusetzen. Friseure hatten die meiste Zeit in der Pandemie geöffnet, obwohl ein empfohlener Abstand von 1,5 m nicht eingehalten werden konnte. Andere nicht medizinische körpernahe Dienstleistungsbranchen hingegen hatten mehrere Monate geschlossen und wurden in der Zeit vom Staat subventioniert. Niemand konnte oder wollte auf den Friseur verzichten, weil er offensichtlich, genau wie damals die Barbiere, eine soziale Funktion innehat, Menschen schön macht und ihnen ein gutes Gefühl gibt. Trotzdem hatten Friseure offiziell keinen systemrelevanten Status und auch eine Impfpriorisierung wurde ihnen nicht zugesprochen. Sicher war es für Politiker in der Pandemie nicht immer einfach, sinnvolle Beschlüsse zu erlassen und alle Branchen zufriedenzustellen. Ich hätte mir aber auch für die Friseurbranche gewünscht, dass ihre Relevanz innerhalb der Gesellschaft kommuniziert worden wäre und Friseure zumindest eine Impfpriorisierung erhalten hätten, um die Kunden, ihre Familien und sich selbst zu schützen. Alternativ hätte man die Friseurbranche genau wie alle anderen nicht medizinischen körpernahen Dienstleistungsbranchen behandeln können.

Nichtsdestotrotz bin ich unendlich dankbar für meine lieben Gäste, die mich durch die schwere Zeit begleitet und mir ihre Wertschätzung vermittelt haben, und wünsche mir, dass alle, die in kundenorientierten Branchen tätig sind, das Gleiche sagen können.

Quellenverzeichnis [QZiffer]

[Q1]
https://www.rethinkingmemory.com/lektion2-namen-merken/#:~:text=Denk%20dabei%20nur%20an%20die,im%20Gesicht%20der%20Person%20interagiert.

[Q2]
https://de.m.wikipedia.org/wiki/Spiegelung_(Psychologie)

[Q3]
https://www.lecturio.de/magazin/andreas-hobi-koerpersprache/

[Q4]
https://www.weltbild.de/magazin/inspiration/lachen-ist-gesund_HJeFWvgiB/

[Q5]
https://www.ardaudiothek.de/episode/achtsam-deutschlandfunk-nova/achtsamkeit-in-der-psychotherapie/deutschlandfunk-nova/94374290/

[Q6]
https://www.bgw-online.de/bgw-online-de/faq/muessen-die-haare-immer-zu-beginn-gewaschen-werden--44096#44096

[Q7]
https://www.quarks.de/gesundheit/darum-sind-beruehrungen-so-wichtig/

[Q8]
https://de.wikipedia.org/wiki/Wahrnehmung

[Q9]
https://de.wikipedia.org/wiki/%C3%84sthetik

[Q10]
https://www.sonyclassical.de/alben/releases-details/six-evolutions-bach-cello-suites
https://open.spotify.com/track/17i5jLpzndlQhbS4SrTd0B?si=GibbOJ2iQY2vr59xzHA1tQ&utm_source=copy-link
[Q11]
https://www.welt.de/welt_print/article3925943/Das-perfekte-Bauwerk.html
[Q12]
https://de.m.wikipedia.org/wiki/Google%2B
[Q13]
https://www.idealo.de/preisvergleich/OffersOfProduct/6550753_-12-jahre-40-old-pulteney.html
[Q14]
https://www.idealo.de/preisvergleich/OffersOfProduct/201101496_-12-jahre-viking-honour-40-2-highland-park.html
[Q15]
https://de.wikipedia.org/wiki/Barbier
[Q16]
https://www.existenzgruender.de/DE/Gruendung-vorbereiten/Rechtsformen/Auf-einen-Blick/inhalt.html
[Q17]
https://www.knobelbox.com/geduldsspiele/metall-puzzle/cast-puzzle/
[Q18]
https://www.quarks.de/gesellschaft/wissenschaft/darum-sind-rothaarige-aussergewoehnlich/
[Q19]
https://de.m.wikipedia.org/wiki/Kopfhaar

[Q20]
https://de.m.wikipedia.org/wiki/Savile_Row
[Q21]
https://www.geo.de/geolino/tierlexikon/751-rtkl-tierlexikon-chamaeleon
[Q22]
https://www.gentleman-accessoires.de/wissenswertes/rasierhobel-eine-erfolgsgeschichte